广西财经学院自治区级重点学科社会保障学科资助项目，
重点项目"农民工回流视角下的农村养老保障研究"（项目

经济管理学术文库·经济类

城乡机构养老服务资源配置研究

Research on the Allocation of Old-age Service Resources in Urban and Rural Institutions

江燕娟／著

经济管理出版社

ECONOMY & MANAGEMENT PUBLISHING HOUSE

图书在版编目（CIP）数据

城乡机构养老服务资源配置研究/江燕娟著 . —北京：经济管理出版社，2021. 3
ISBN 978 - 7 - 5096 - 6814 - 6

Ⅰ. ①城… Ⅱ. ①江… Ⅲ. ①城镇—养老—社会服务—资源配置—研究—中国
Ⅳ. ①D669. 6

中国版本图书馆 CIP 数据核字（2019）第 165974 号

组稿编辑：曹　靖
责任编辑：王　洋
责任印制：黄章平
责任校对：董杉珊

出版发行：经济管理出版社
　　　　　（北京市海淀区北蜂窝 8 号中雅大厦 A 座 11 层　100038）
网　　　址：www. E - mp. com. cn
电　　　话：（010）51915602
印　　　刷：唐山玺诚印务有限公司
经　　　销：新华书店
开　　　本：720mm×1000mm/16
印　　　张：11. 75
字　　　数：204 千字
版　　　次：2021 年 3 月第 1 版　　2021 年 3 月第 1 次印刷
书　　　号：ISBN 978 - 7 - 5096 - 6814 - 6
定　　　价：88. 00 元

前　言

　　我国已进入老龄化社会，机构养老服务需求的快速增加对机构养老服务资源配置提出了迫切的改革要求。当前，我国机构养老服务资源配置存在诸多的问题，例如，老年人的机构养老服务需求与养老机构所提供的服务不匹配，床位数不足与空床比例高并存，护理型床位缺失，城乡养老机构发展不均衡、不同类型的养老机构发展不均衡，等等。这些问题的凸显意味着当前的养老机构服务配置结构出现了不合理、配置低效等问题，如何提高机构养老服务资源供给效率，优化配置结构，为有需要的老年人提供优化的机构养老服务，使他们安度晚年，是当前公共政策亟待解决的问题。

　　回顾历年来的机构养老服务政策，政府对扩大机构养老服务供给，寻找优化路径，不断地进行探索、改革，并取得了一定的成绩。2013年，国务院出台的《关于加快发展养老服务业的若干意见》（以下简称《意见》）中，首次确认了社会力量在养老服务业发展中的主体地位。《意见》同时再次提出要"通过简政放权，创新体制机制，激发社会活力"，"营造平等参与、公平竞争的市场环境"，并指出要"在资本金、场地、人员等方面进一步降低社会力量举办养老机构的门槛"，为其设立"提供便捷服务"。2014年9月根据民政部2013年印发的《民政部关于开展公办养老机构改革试点工作的通知》，28个省（自治区、直辖市）民政厅（局）共上报了124家公办养老机构改革试点单位，养老机构公建民营成为国有集体养老机构改革的重点方式在全国范围内铺开。这些政策使养老机构在国内迅速地发展起来，床位数也得到大幅度的提高。同时，政策也关注机构养老服务资源配置结构的调整，如：对养老机构补助方式，从"补砖头"向"补人头"转变，切实提高资金利用效率；加大公办养老机构向公建民营养老机构转型、扶持民办养老机构的发展；加大对农村养老机构的投入和改革。这些改革有效地推动了各地、各级养老机构的发展，为老年人获取养老机构服务做出了巨大的努力。

广西在养老机构服务资源配置上，也沿袭了中央的政策，在各地大力推进养老机构的建设和改革。近年来，接连出台了政策，如广西依据国务院办公厅《关于印发全面放开养老服务市场提升养老服务质量的若干意见》（国办发〔2016〕91号）、自治区政府《关于建设养老服务业综合改革试验区的意见》（桂政发〔2015〕33号）、自治区人民政府办公厅《关于印发广西养老服务业综合改革试验区规划（2016—2020年）》（桂政办发〔2016〕14号）、自治区人民政府办公厅《广西壮族自治区关于全面放开养老服务市场提升养老服务质量的实施意见》（桂政办发〔2017〕129号）等。这些政策通过了解、分析目前广西养老机构的情况，关于就如何落实养老服务医养融合、加快养老行业发展、推动养老服务业的体系建设以及与相关产业融合发展等问题做出了详细的规定，为广西养老机构的发展提供了依据。

这些政策的实施在广西取得了较好的政策效应，城乡养老机构的数量均得到了大幅度的提高，特别是农村养老机构服务，各地通过上级财政资金转移支付、本级资金扶持等政策，在农村扩建养老机构服务中心，且面向当地贫困老年人、残障老年人，为他们免费提供住宿。这些服务标志着广西将农村养老机构建设纳入了重点范围。评价广西养老机构服务资源配置结构是否合理，需要从以下几个方面判断：老龄化比例、老龄化结构、养老机构总数、养老机构床位使用率、城乡机构养老服务资源配置比较、城乡机构养老服务资源利用效果、民办养老机构发展状况。从老龄化来说，广西自进入21世纪以来已经达到了老龄化社会的国际标准。2016年《广西统计年鉴》数据表明，65岁及以上的老年人占比达到9.97%。广西作为劳动力流出大省，特别是农村的流出劳动力人口较多，农村地区的人口老龄化形势更严峻，而据研究，农村老年人失能人口占比较大，且以肢体失能居多；广西作为欠发达省份，有限的财政能力进一步加剧了城乡公共养老服务资源的配置和利用的困境。从养老机构发展现状及问题来看，据广西政府部门公开统计数据显示，截至2015年，广西有各类养老福利机构1.2万个，床位16.1万张，每千位老年人拥有养老机构床位只有23张，这个数量还达不到国家颁布的《民政事业发展第十三个五年规划》里提到的，到2020年每千位老年人拥有养老机构床位达到35～40张的要求。从城乡机构养老服务资源配置和利用效果来看，城镇养老机构发展水平有限，利用程度不高；农村养老机构服务资源配置水平较低，机构设置重复、低效，使用率低；民办养老机构发展水平较低，发展艰难，难以提供符合老年人身体状况的护理条件。因此，从广西养老机构服务资源配置存在的问题来看，目前，广西养老机构服务资源配置结构效率不高，未能满足老年人养老机构服务的有效需求。

基于上述分析，本书选取城乡机构养老服务资源配置进行研究，尝试从理论与实践双层面回应城镇养老服务资源配置及利用的问题。全书共分为九章：第一章为导论；第二章为基础理论及文献综述；第三章为城镇机构养老服务资源配置现状及问题分析；第四章为民办机构养老服务资源配置的案例分析；第五章为城镇机构养老服务资源配置效果分析；第六章为农村机构养老服务资源配置现状及利用分析；第七章为机构养老服务资源配置中的政策机制研究；第八章为国内其他地区机构养老服务资源配置经验借鉴；第九章为研究结论与政策建议。全书基于公共产品供给理论、福利供给理论、资源配置理论、政府责任边界分析，构建了理论分析框架，对广西城乡机构养老服务资源配置现状及问题进行了分析，并借鉴上海、广州的机构养老服务资源配置改革经验，归纳总结适合广西的有效经验，在此基础上提出政策建议。

本书将笔者2016～2018年在广西随机抽取广西南宁市、武鸣区、宾阳县、上林县、马山县、平南县、百色市等地的养老机构30所，从中抽取的老年人样本600份，选取了6个典型案例，进行了数据资料分析。这次调研得到了南宁市民政局、广西各地部分养老机构负责人、护理人员的大力支持，在此一并表示感谢！我的学生梁凤娟、汪雯倩、曾玮、张冬萌，他们跟随我到各地养老机构进行调研访问，发放调查问卷，收集了许多珍贵的研究数据和资料，并根据调研数据，形成调查报告，为本书提供了重要的支撑，感谢他们的辛苦付出！

本书得到了广西财经学院自治区级重点学科社会保障的资助，是系列研究成果之一，也得到了我的导师——南京农业大学李放老师在写作上的指导。

希望通过本书的分析，为学界对广西城镇机构养老服务资源配置的后续研究提供素材和研究视角，也为公共部门的政策制定提供理论和现实参考。

江燕娟

目　录

第一章　导　论

第一节　研究背景及意义

相对于发达国家进入老龄化社会的速度而言，中国用了很短的时间就进入了高度老龄化社会，伴随着人口老龄化趋势的还有高龄、失能、空巢老人迅速增加的人口结构特征，越来越多的失能半失能老年人需要得到专业的机构照护服务，这一变化给当前的机构养老服务供给提出了巨大的挑战。数据表明，我国养老服务发展总体增长较快，2017 年，全国各类养老服务机构和设施 15.5 万个，比上一年增长 10.6%，其中：注册登记的养老服务机构 2.9 万个，社区养老机构和设施 4.3 万个，社区互助型养老设施 8.3 万个；各类养老床位合计 744.8 万张，比上一年增长 2%（每千名老年人拥有养老床位 30.9 张），其中社区留宿和日间照料床位 338.5 万张。① 在养老机构及床位数快速增加的同时，仍存在不少问题：首先，养老机构资源地区发展不均衡，省份之间、城乡之间的差距较大，养老机构数排名前十的省份，拥有的养老床位数占全国总数的 59.4%，城乡机构数、床位数、机构水平差距较大；其次，护理补贴覆盖面窄，数据表明，2017 年，我国享受护理补贴的老人仅为 61.3 万人，占全国老年人口比较低，享受养老服务补贴的老年人为 354.4 万人，占全国老年人人口总数的 14.7%；最后，补贴水平有限，根据广西各地养老机构床位补贴数，补贴标准为 60 ~ 140 元，补贴水平较

---

① 民政部，《2017 年社会服务发展统计公报》。

低，老年人总体养老金水平不足，机构养老服务总体有效需求不足。

从机构养老服务供需结构状况来看，机构养老服务供给也仍未做好充足的准备以应对老年人日益增长的养老服务需求，机构养老服务供给普遍面临供给不足或供需不匹配的困境。例如，公办机构长期面临着大量老年人排队等入住，政府不得不加大公共养老服务资源投入，不断地新增大量床位，而民办机构却普遍面临着空床率高，生存困难，一味追求床位数量而忽视质量建设，财政资金大量投入城市机构养老服务建设，对农村机构养老服务建设投入少等现状。各级政府已意识到这一问题的存在，通过扩大一部分公办机构的床位供给、推行养老机构入住评估、机构补贴、引导民办机构发展等措施来解决不同类型的机构发展问题，通过在农村建设特困老年人养老院、五保村、加快乡镇敬老院转向公建民营方式等方法，来解决农村老年人的机构养老服务需求。然而，从总体上看，机构服务供需矛盾的症结仍未从根本上解开，城乡机构养老服务资源配置不均衡、供需错位、高空床率、运营困难等问题仍困扰着城乡各类机构的发展。

一、广西机构养老服务发展的政策依据及背景

（一）养老服务发展政策依据

2013年，国务院出台的《关于加快发展养老服务业的若干意见》（以下简称《意见》）中，首次确认了社会力量在养老服务业发展中的主体地位。《意见》同时再次提出要"通过简政放权，创新体制机制，激发社会活力""营造平等参与、公平竞争的市场环境"，并指出要"在资本金、场地、人员等方面进一步降低社会力量举办养老机构的门槛"，为其设立"提供便捷服务"。2014年9月，根据民政部2013年印发的《民政部关于开展公办养老机构改革试点工作的通知》，28个省（自治区、直辖市）民政厅（局）共上报了124家公办养老机构改革试点单位，养老机构公建民营成为国有集体养老机构改革的重点方式在全国范围内铺开。

广西依据国务院办公厅《关于印发全面放开养老服务市场提升养老服务质量的若干意见》（国办发〔2016〕91号）、广西壮族自治区政府《关于建设养老服务业综合改革试验区的意见》（桂政发〔2015〕33号）、广西壮族自治区政府《关于印发广西养老服务业综合改革试验区规划（2016—2020年）》（桂政办发〔2016〕14号）等一系列文件精神，广西壮族自治区人民政府办公厅于2017年9

月 13 日印发了《广西壮族自治区关于全面放开养老服务市场提升养老服务质量的实施意见》（以下简称《实施意见》）。《实施意见》通过分析了解目前广西养老机构的情况，就如何落实养老服务医养融合、加快养老行业发展、推动养老服务业的体系建设以及与相关产业融合发展这些问题做出了详细的规定。

（二）老龄化现状

进入 21 世纪以来，人口老龄化开始成为了我国面临的社会问题，国际上的标准是：当 60 岁以上的人口数占总人口数百分比到达 10%，或 65 岁以上人口数占总人口数的百分比到达 7% 作为国家或地区进入老龄化社会的标准。根据广西统计局发布的统计年鉴可以看出，广西自进入 21 世纪以来已经达到了老龄化社会的国际标准水平①。

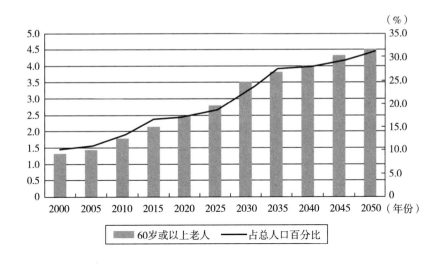

图 1-1 2000～2050 年中国 60 岁以上人口趋势

由 2016 年《广西统计年鉴》相关数据可知，65 岁及以上的老年人占比较高，2015 年已达到 9.97%。由此可知广西的老龄化现象严重，而如何有效应对该问题，是一个重大的挑战，也是一个重要的机遇。

---

① 广西统计局，《广西统计年鉴 2017》，http：//www.gxtj.gov.cn/tjsj/tjnj/2017/indexch.htm。

表 1 - 1　2001~2050 年 60 岁及以上和 50 岁及以上老年人口和老龄化程度预测

时间	60 岁及以上人口				65 岁及以上人口			
	按 TFR = 1.7 计算		按 TFR = 1.8 计算		按 TFR = 1.7 计算		按 TFR = 1.8 计算	
	（亿人）	（%）	（亿人）	（%）	（亿人）	（%）	（亿人）	（%）
2001 年	1.33	10.34	1.33	10.33	0.91	7.09	0.91	7.09
2005 年	1.45	10.98	1.45	10.94	1.01	7.64	1.01	7.61
2010 年	1.71	12.57	1.71	12.48	1.13	8.29	1.13	8.23
2015 年	2.13	15.17	2.13	15.00	1.35	9.63	1.35	9.53
2020 年	2.43	16.96	2.43	16.72	1.72	11.98	1.72	11.82
2025 年	2.96	20.42	2.96	20.07	1.97	13.58	1.97	13.35
2030 年	3.55	24.46	3.55	23.93	2.42	16.68	2.42	16.32
2035 年	3.97	27.45	3.97	26.71	2.92	20.16	2.92	19.62
2040 年	4.11	28.63	4.11	27.70	3.24	22.56	3.24	21.83
2045 年	4.25	30.07	4.25	28.92	3.29	23.33	3.29	22.44
2050 年	4.50	32.73	4.50	31.27	3.36	24.41	3.36	23.32

资料来源：国家统计局，中国指数研究院综合整理。

图 1 - 2　广西主要年份老龄化趋势

（三）养老机构发展现状

目前，据统计数据显示截至 2015 年，广西有各类老年福利机构 1.2 万个，养老床位 16.1 万张，每千人老年人拥有养老机构床位 23 张①，存在城乡养老机构数量不均衡、农村机构养老服务发展薄弱、各类养老机构发展不均衡等问题。

随着老龄化速度的加快，生活节奏的加快，家庭规模逐渐缩小，老年人的供养问题已经成为现在家庭所面临的重要问题。因此在未来社会的发展中，养老机构必然会得到极大的发展，养老服务业的发展不仅可以应对人口老龄化的问题，同时也可以增加劳动者的就业岗位，扩大市场需求，有利于促进整个广西经济的和谐发展，也有利于促进整个社会的和谐发展。

二、本研究的理论意义与实际意义

理论意义：①梳理国内外理论研究成果，构建理论框架，分析不同的配置类型对应的福利资源配置形式、公平和效率比较。②本书试图在结合理论研究和广西城乡比较的实证经验基础上，梳理机构养老服务资源配置理论内涵和外延，对机构养老服务资源配置类型进行比较分析，探讨不同类型的养老服务资源配置方式，分配和利用、公平和效率的理论实质、逻辑；利用实证数据分析机构养老服务资源配置类型的供给路径、分配和效果评估。③本书结合社会保障学、公共财政学和社会学知识，分析和考察目前城乡机构养老服务资源配置类型的比较、效果评估、模式创新，尝试拓展新的理论研究视角。

实际意义：①本书运用实证比较分析，从广西城乡区域收集数据案例，基于机构养老服务的供需关系、政策效应，提出优化城乡机构养老服务资源配置体系的政策建议，提出在福利供给总体不足的现状下，优化城镇养老机构服务供给结构，整合农村养老服务资源，坚持福利倾斜的分配原则，公共养老资源重点向城乡低收入老年人倾斜的政策建议。②本书对于在人口老龄化与农村养老服务资源配置短缺的双重背景下，深入研究城乡养老服务资源配置类型问题，对解决养老服务资源配置效率困境具有重要的现实意义。

---

① 广西统计局，《广西应对人口老龄化研究》，http：//www. gxtj. gov. cn/wap/sjfb/fs/201707/t2017 0731_ 133948. html，2017 年 7 月 20 日。

第二节　研究方法、内容及技术路线

一、研究方法

（一）多学科研究方法

综合运用管理学、经济学、政策学等多学科研究方法，具体是：

第一，文献研究法。通过查阅文献资料，收集和整理公共经济、社会福利、社会政策学等学科体系中关于养老服务的理论，梳理机构养老服务资源配置和利用有关的国内外研究成果、政策，为本书的研究内容以及研究方法提供依据、参考。

第二，问卷调查法。运用分层抽样和概率抽样相结合的方式从广西抽样市的对象中抽取部分老人、养老服务机构开展问卷调查。采用开放式与封闭式问卷结合的形式，由经过培训的调查员按照问卷的内容向被访者提问。调查内容主要包括对象的个体特征、家庭情况、健康评价、经济状况、机构服务资源配置、老年人使用情况等内容。

第三，访谈法。一方面，访谈针对负责相关工作的政府工作人员，如区民政部门、老龄工作委员会以及相关街道、社区主要负责人，了解机构养老服务资源配置和利用的现状、问题。另一方面，选取若干具有不同特征的老年人及其主要照顾者进行深入访谈，以补充问卷调查的不足。

第四，定量分析方法。对调查问卷进行质量评估后建立数据库，借助 SPSS 17.0、Stata12.0 等统计软件，主要运用回归模型、PSR 等模型对相关变量进行相关性检验。

（二）数据来源及实证分析介绍

（1）数据来源：①基于南宁市老年人、养老机构抽样调查数据，拟采用分层不等比例抽样法，抽取约 700 名老年人、20 个养老机构；②通过查找广西民政厅、广西人力资源和社会保障厅、广西财政厅等政府职能部门的统计资料获得养老机构投入的成本数据、入院人数、运营补贴等数据。主要包括《中国民政年鉴》《广西年鉴》、地方政府网站公开统计数据。

（2）实证分析介绍：主要运用老年人身体健康状况评价 ADL 指数评价法、Logistics 回归分析、PRS 分析等方法。

二、研究内容

（一）研究对象

本书的研究对象是广西城乡机构养老服务资源配置比较问题，具体的研究对象包括：机构养老服务资源配置内在机理问题，包括机构养老服务资源配置逻辑、类型和效果等；城乡机构养老服务资源配置公平与效率问题，分析和诊断城乡机构养老服务资源配置困境的社会成因和制度根源。

（二）总体框架

本书以广西城乡机构养老服务资源配置为研究对象，评估城乡养老服务资源配置类型、城镇机构养老服务利用情况、农村机构养老服务资源配置困境、受益群体效果评价等问题，剖析城乡机构养老服务资源配置逻辑与机制，提出解决城乡机构养老服务资源配置不平等、效率低下的政策建议。本书主要涉及的对象有广西城乡高龄、失能老年人群体，机构养老资源配置情况。通过构建城乡机构养老服务资源配置和利用的分析框架，分析现行养老服务政策下，城乡机构养老服务配置类型比较、影响机理、结果；通过实证数据总结梳理城乡老年人对机构养老服务资源的需求和满足实现程度、资源配置现状及效果，最后，提出公共政策应如何回应现状，提高城乡机构养老服务资源配置公平性与效率的对策建议。

（三）重点难点

（1）重点：第一，界定城乡机构养老服务资源配置的内涵及责任边界；第二，建立城乡老年人福利资源配置理论分析框架，在此框架下，对城乡机构养老服务进行实证分析，将城乡资源配置特征进行对比，分析城乡老年人的机构养老服务需求，运用 PSR 评价指标对城乡机构养老服务资源配置进行公平性评价。

（2）难点：由于本书所调查的对象主要是老年人，且部分老年人处于失能或半失能的状态，因此在调查过程中难免会存在一些无法表述或表述不清晰的情况。另外，获悉养老机构资源配置情况需要民政部门及相关养老机构的大力支持，才能保证数据的样本量。

（四）主要目标

本书以广西城乡机构养老服务资源配置为研究对象，评估城乡机构养老服务资源配置类型、农村机构养老服务资源配置困境、受益群体效果评价等问题，剖析城乡机构养老服务资源配置逻辑与机制，提出解决城乡机构养老服务资源配置不平等、效率低下的政策建议。

具体目标有：第一，借助相关理论，构建机构养老服务资源配置理论分析框架，对城乡机构养老服务资源配置的内在理论逻辑、责任边界、相关机制进行阐述。

第二，借助民政数据、统计年鉴，进行实地调研，摸清广西城乡机构养老服务资源基本配置现状、问题；对广西失能、高龄老年人做估算，在此基础上，建立城乡老年人机构养老服务的需求模型，分析不同收入水平、不同身体健康状况对象对机构养老服务资源的需求层次、满足程度等。

第三，运用评价指标对城乡机构养老服务资源配置进行评价，为城乡机构养老服务资源分配的机制建设和政策调整提出实际依据。

第四，基于城乡机构养老服务资源配置的分析框架，首先分析现行养老服务政策下，城乡机构养老服务配置类型比较、影响机理、结果；其次通过实证数据总结梳理城乡老年人对机构养老服务资源类型的需求和满足实现程度、机构养老资源配置现状及效果；最后提出公共政策应如何回应现状，提高城乡机构养老服务资源配置公平性与效率的对策建议。

三、技术路线

遵循"理论分析—现状透视—问题诊断—路径创新"的逻辑进路，首先对社会保障学、公共财政、社会学领域内的养老服务资源配置理论研究成果进行梳理，构建理论分析框架，将城乡机构养老服务资源配置类型、手段、效果评估等内容置于理论框架下进行分析，探讨逻辑、机理。其次运用理论分析、数据计量分析等手段，分析城乡机构养老服务资源配置现状、过程，进行实证比较，分析目前的困境、问题。最后借鉴国内外有益经验，以此提出改进和完善城乡机构养老服务资源配置的政策建议。

技术路线图如图 1-3 所示：

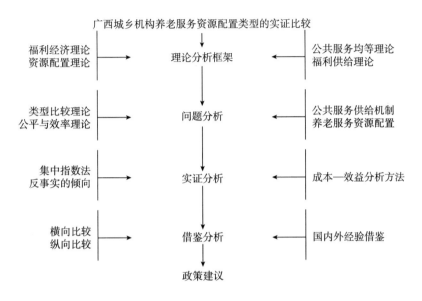

图 1-3 本书的技术路线

第三节 研究特色及不足

一、研究特色

（1）在理论上对城乡机构养老服务资源配置的内涵、理论逻辑、责任边界、配置机制进行阐述，找出城乡机构养老服务资源配置的理论和现实依据。

（2）选取城乡研究视角。广西作为劳动力流出大省份，特别是农村的流出劳动力人口较多，人口老龄化形势更严峻，而有限的财政能力进一步加剧了城乡机构养老服务资源的配置和利用的困境，目前，选取城乡视角的研究仍然较少，远远无法回应城乡养老服务资源利用问题。

（3）在研究思路设计上按照"理论分析—现状透视—问题诊断—创新路径"

的逻辑进路,先通过理论研究构建城乡机构养老服务资源配置分析框架,再结合扎实的实证研究找出制约障碍及其存在的政策问题,接着通过比较研究与个案研究借鉴国内外发展城乡机构养老服务的体制机制创新与政策经验,最后有针对性地提出广西城乡机构养老服务资源配置机制创新与政策优化的路径。研究思路清晰,逻辑严谨,有较强的系统性与针对性,科学的研究方法显著增强了研究成果的科学性、指导性和应用价值。

(4)在研究方法上,综合运用多种规范和实证分析方法,特别是对问卷调查和访谈收集的第一手资料进行定性和定量分析,科学的研究方法显著增强了研究成果的科学性、指导性和应用价值。

二、研究不足

本书不足主要体现在以下两个方面:第一,对城乡机构养老服务资源配置主体责任边界划定的理论和实际困境,准公共产品如何高效供给是世界性难题,养老服务本身具有一定的公共产品属性,在实际运行过程中,养老服务供给的福利性与市场性的界限并不那么清晰,因此,给机构养老服务资源配置内涵及主体责任边界划定带来一定困惑;第二,调研数据的获取较难,本书的对象主要为广西区内养老机构、老年人,老年人主要是高龄、失能老年人居多,难以达到沟通效果,这给数据资料收集带来一定的难度。

第四节　本章小结

本章介绍了城乡机构养老服务资源配置研究的背景,阐述在老龄化及高龄化、失能人口快速增加的社会背景下,我国机构养老服务资源配置面临的基本背景及问题;利用统计数据总结广西人口老龄化现状及趋势,对广西城乡机构养老服务资源配置背景及其需求现状进行描述。指出本书的理论意义和实际意义,本书所采用的研究方法、数据来源、技术路线,最后对研究不足进行总结。

第二章 基础理论及文献综述

第一节 概念界定

政府以公共补贴的形式向特定老年群体提供的机构养老服务属于老年福利供给中的一个重要组成部分，福利供给是基于社会福利政策下的供给过程及政策目标。因此，必然要从社会福利政策、福利供给的内在意义来理解机构养老服务供给的内涵。

一、机构养老服务

（一）养老服务

养老服务是近年社会广泛关注的一个重要话题，但目前对养老服务还缺乏统一的认知，学术界少有明确定义。李放等（2012）认为，养老服务指为满足老年人晚年正常生活所需的各种非现金形式，主要包括生活照料、医疗护理、精神慰藉等服务。主要由居家养老、社区养老和机构养老三个有机部分组成。一般认为根据供给来源养老服务可以分为三种：社会养老服务、家庭养老服务、个人养老服务。由以上定义可知，养老服务包含了社会福利性质的、形式多样的，面向老年人提供的服务保障。

（二）养老机构

养老机构是为老年人提供入住、养护等综合性服务的场所，通过为入住老人提供住养服务，提高老年人生活质量，是养老服务体系的重要组成部分。举办形式有：老年社会福利院、养老院或老人院、老年公寓、护老院、护养院、敬老院、托老所、老年人服务中心。老年社会福利院和敬老院为由早期面向城市"三无老人"的社会福利院和农村"五保老人"的敬老院发展而来，属于社会救济性质，政府或集体为供给主体，免费供养特定人员（温忠文、聂志平、吴全圣、邹胜平，2013）。20世纪80年代民政部提出社会福利社会化后，福利院和敬老院均向社会开放，接纳有入住需求的老年人，管理体制仍然大多按照机关事业单位的方式，由公共财政拨款建设运营，属于公办养老机构；公建民营养老机构是由政府部门建设，社会组织来运营的机构，始于2013年12月，民政部出台了《关于开展公办养老机构改革试点工作的通知》，明确提出推行公办养老机构公建民营，探索提供经营性服务的公办养老机构改制，"对于政府举办的尤其是新建的养老机构或服务设施，在明晰产权的基础上，提倡通过公开招投标，以承包、联营、合资、合作等方式，交由社会组织、企业或有能力的个人等民间资本运营或管理"。在公建民营模式中，由政府优惠提供服务设施及条件，根据协议约定，依法将公办养老服务机构及服务设施经营权以承包、租赁、委托经营、合营、参股以及出让等方式转给企业、社会组织或个人以及外资等社会经营者，由其按照自我经营、自负盈亏、自我发展、自我约束的原则为老年人提供养老服务。

农村的养老机构主要包括：乡镇敬老院、五保村、托老之家；城镇养老机构主要包括：公办养老机构（社会福利院）、公建民营养老机构、民办养老机构。

二、资源配置

资源配置（Resource Allocation）即对相对稀缺的资源在各种不同用途上加以比较并根据人们的需要而进行分配的过程①。资源配置有两种表现形式：一是人们对有限的、相对稀缺的资源进行合理配置，使有限的资源通过合理的配置方式和组合实现最大的产出效益；二是达到预定的产出效益而花费的成本最小。本书

---

① 宋雅文. 公建民营养老机构运行管理研究［D］. 广西大学硕士学位论文，2017：4－5.

认为机构养老服务资源配置实际上就是在一定地区范围内在各个养老机构中合理并有效地分配机构养老资源，即有形与无形资源的总和，具体来说可以分为人力资源、物力资源、财力资源、政府资源、医疗资源。以满足老年人对机构养老资源的需求，最终实现机构养老资源优化配置的目标，而机构养老服务资源优化配置是以合适的要素组合进行分配的，争取产出最大化，最终实现地区总供给和总需求的动态平衡。

三、机构养老服务资源配置

养老机构资源作为一个整体所获得的来自国家或社会的各种资源，包括土地、设施设备、款物、志愿服务、领导或名人关注、管理者才能、入住老人关系等一系列能在老年人养老过程中产生服务或帮助的资源①。养老机构资源包括有形资源和无形资源，有形资源包括机构中人力资源、财务资源、物力资源等看得见摸得着的资源，无形资源包括机构的领导关注、社会声誉、管理者才能等非实物资源。养老需要耗费一定的资源，资源占有的多寡决定了老年人养老保障的实现程度。从一定程度上讲，养老机构实质是一种资源的集合体。养老机构资源的多寡与优劣影响着入住老人可享受到服务的质量，同时也影响着机构养老事业的发展。

本研究的城乡养老机构资源配置主要从基础设施设备资源、人力资源配置结构、护理水平、财务资源情况、公共资源等方面来论述，从这些内容进入论述，能够清晰地展示城乡养老机构在人力资源、物力资源、财力资源、政府资源、医护资源的配置情况上的差异，有利于我们全面考察城乡养老机构资源配置差异，进一步分析城乡老年人在资源利用上存在的差异，进而得出相关结论。

第二节　机构养老服务资源配置理论基础

本节主要分析公共产品理论、福利供给理论、政府责任边界理论、资源配置理论，探索这些理论对于城乡机构养老服务资源配置要素特征及其关系、效果分

---

① 陈景亮. 浅析机构养老资源体系——以福建省为例［J］. 南方人口，2012（1）：59－60.

析的意义，为优化城乡机构养老服务资源配置提供理论依据。

一、公共产品供给理论

萨缪尔森在《公共支出的纯理论》（1954）中把公共物品定义为"每个人对这种物品的消费都不会导致其他人对这种物品消费的减少"，数学表达式为 $X = X_i$，即对于任何一个消费者而言，他消费的各个产品数量 X_i 等于公共产品的总量。相应地，公共产品具有两个特征：①非排他性。指公共产品一旦提供，不能排除任何人对它的消费，或者阻止使用者消费该物品成本极为昂贵。②非竞争性。指所有的消费者都能够消费同样单位的一种物品或服务，一个人对某种物品的消费不影响其他人对该物品的消费。

（一）公共产品属性及分类

公共产品主要分为纯公共产品、准公共产品，准公共产品介于公共产品与私人产品之间，兼具两者的性质，在消费上具有排他性、竞争性的特点。如表 2-1 所示。

表 2-1　纯公共产品、准公共产品和私人产品

	排他性	非排他性
竞争性	纯私人产品 1. 排他成本很低 2. 由私人企业生产 3. 通过市场分配 4. 资金来源于销售收入	准公共产品 I 1. 集体消费，但存在拥挤 2. 由私人部门生产或直接由公共部门提供 3. 通过市场或国家预算分配 4. 资金来自销售收入或税收
非竞争性	准公共产品 II 1. 具有外部性的私人产品 2. 主要由私人生产提供，政府补贴 3. 政府补贴或征税，由市场分配 4. 通过销售收入获得部分经费，如体育馆场、公园、有线电视等	纯公共产品 1. 排他成本极高 2. 直接由政府提供或与政府签约条件下私人企业生产 3. 通过国家预算分配 4. 资金来源是税收收入

从上述分类特征可以看出，养老服务符合准公共产品的性质，是老年社会福利必不可少的一部分内容，也是具有个人消费特征的产品，养老机构是为老年人

提供入住、养护等综合性服务的场所，通过为入住老人提供住养服务，提高老年人生活质量，是养老服务体系的重要组成部分。因此，为老年人口提供养老机构服务是全社会共同应对老龄化风险的重要方式，既有政府的责任，也包含了个人责任，属于准公共产品。

(二) 准公共产品供给机制

关于准公共产品的供给机制，一直都是学界集中讨论的焦点，一般而言，私人产品通过市场制度实现需求与供给，公共产品则通过政治制度实现。在公共产品的有效供给机制分析中，林达尔均衡模型提出实现公共产品供给均衡的两个假设前提：一是每位社会成员都按自己从公共产品中的受益来真实地表达自己的偏好和需求，负担的公共产品的成本；二是每位成员对其他成员的偏好及收入充分了解，个人边际收益是真实可知的。而在现实社会中，以上两个假设条件很难实现，人们倾向于隐瞒自己从公共产品消费中获得的真实收益，从而会产生"搭便车"问题，强势成员凭借侵占弱势成员的份额，使公共产品供给不足或过度供给。这一逻辑同样适用于准公共产品的供给，为了应对政府供给的过度消费、资源配置效率低下与私人供给不足、"搭便车"等风险，实行由政府与市场共同供给的机制。在政府与市场的混合供给中，公共供给占多大比例，则由准公共产品的公共性和外部性大小来决定。

我们以养老机构服务供给的对象及服务标准作为划分依据，一般来说，向财政供养人员提供基本保障的养老机构服务视为纯公共产品，服务对象为农村"五保老人"、城市孤寡老人等符合相关政策的人群；向大众提供一般化的、标准化服务的养老机构服务，享有政府的相关补贴，由政府与市场共同供给的养老机构服务视为准公共产品；而向公众提供个性化服务、消费水平较高的，价格机制是完全市场化的，视为私人产品，如养老产业。

二、社会福利供给理论

任何一项福利政策皆是以一定的价值理念取向为前提的，正如英国著名社会政策专家蒂特马斯所言：在社会福利体系之内，人们无法逃避各种价值选择。[①]福利国家社会福利政策从 20 世纪 80 年代进行改革以来，学界对福利供给公平、

---

① 蒂特马斯. 社会政策十讲 [M]. 江绍康译. 台北：台湾商务印书馆股份有限公司，1991：123.

效率原则进行了长期的讨论，理论派系形成了不同的价值取向观点。

（一）社会福利政策发展

Martin 认为，20 世纪 80 年代是福利制度改革的"分水岭"，此前，福利制度主要关注福利的覆盖范围及待遇水平的确定，福利国家实行的是慷慨的福利政策，此后，在人口老龄化及福利支出危机的压力下，福利国家福利制度日益受到财政压力和各种社会因素的制约，遭遇了一系列危机：①政治和法律方面的危机；②福利提供和管理的危机；③财政危机；④经济危机（米什拉，1981）。由于财政紧缩，福利政策也由慷慨转向收缩，各国纷纷转向了对效率、劳动力市场的激励作用与财政的管制的关注，试图在缩减福利供给水平的状态下，提高供给的公平性与效率性，走一条可持续的福利供给道路（Martin，1998）。一些学者认为缩减福利的形式对福利国家的稳定和效率构成潜在威胁，容易使受益人产生受辱感或不正当动机（失业陷阱、贫困陷阱和依赖陷阱）、服务质量下降（对穷人的服务变成劣质服务），以及失去中产阶级对福利国家制度的支持。济贫经常被认为是福利事业的唯一目标，但它从来都不是主要目标（Hills，1993）。但强调福利的多元来源、供给和传输为核心的福利多元主义、混合福利经济、公私部门合作、新工业福利国家的福利理念取代了过去的"福利国家"理念，缩小福利国家规模、减少福利支出的观点，越来越成为各国的共识（林万忆，1994；Evers，1996）。同时，福利政策的主要目标是以现金或实物的方式将国民中相对富裕者的财富再分配给相对贫困者（朱格，2003）。

（二）社会福利供给原则

第一，福利供给的公平原则。如何实现公平及实现多大程度上的公平是社会福利政策的核心，以庇古、凯恩斯、贝弗里奇、马歇尔、阿罗以及阿玛蒂亚森为代表的一些学者把起点与结果的公平作为社会福利体系建设的责任基础，主张社会福利资源的均等分配，坚持国家干预，主张政府在社会福利供给中处于主导地位，努力寻求社会福利供给的高水平、广覆盖、无差别，以便让所有阶层能够去商品化地被纳入到一个普救式的保险体系中（高和荣，2012）；马歇尔（1972）提出，福利的首要功能就是凌驾于市场来配置部分商品和服务，或以某种方式控制和改变市场运作以产生市场本身无法形成的结果；罗尔斯（1972）则提出了绝对的公平主义，他认为公正是福利政策的首要目标，所有的社会基本物品——自由和机会、收入和财富，都应该被平等地加以分配，除非对这些物品中的一些或全部进行的不平等分配会使最少受益者获益；斯考切波（1990）提出了让经济状况较好的群体承担更多的财政支出责任这一理论面临许多质疑，质疑者认为这将有损福利作为社会权利赋予所有公民的内在价值，leGrand（1982）区分了被使用的四种有关公平的定义：公共支出的均等；使用的均等；成本的均等；结果的平等。他认为没有配给机制能同时满足公平的所有要求，对任何体制的评价都应依据不同标准的相对重要性（Grand，1996）。

第二，如何维持福利分配公平下的经济效率目标。公平与效率一直作为社会保障内在核心价值，是研究者最为关注的问题之一。尼古拉斯（2002）认为，社会福利通过效率和社会公正（或公平）的追求而实现最大化，提出社会成员整体效用最大化，最优分配等主张；哈耶克等（1972）认为，应当尊重市场和个人自由，效率优先是第一价值要义，他们支持的是朴素的福利国家——福利的基本目标是减轻贫困，而不是追求社会公正这个危险性的目标中造成的鼓励浪费和低效率，因为公平优先的价值次序造成了浪费与低效，因此，应优先追求经济效率，进而提供二次分配手段实现公平。而一味强调效率优先的观念也为其他学者所诟病，Grand（1992）认为，公平与效率两者是兼顾实现的，Grand用帕累托最优理论解释了为什么经济效率是政策目标之一，经济效率（帕累托）是关于在人们的偏好既定的条件下，如何将有限的资源充分利用的问题，由于资源是有限的，它不可能满足每个人的需求：政策应寻求办法来尽可能地满足人们的需求，有效地使用有限的资源，最理想的物品分配是兼顾效率与社会公正的，帕累托最优内含的两个价值判断则进一步解释了效率与社会福利的关系：如果一个人的福利得到了改善，而不会引起其他人情况变坏，这样可以称社会福利得到了改善，而所有个人都是他们自己福利的最好的评判者。帕累托原理为社会福利的再分配意义提供了依据，更多的学者开始讨论如何更有效地实现福利目标，"目标定位"和"选择性"这些传统观念重新得到人们的重视（费尼拉，2000），被当作实现兼顾公平与效率的主要政策手段。

为了保障同时兼顾福利供给的公平与效率，学者基于经验提出了各种测量方法与依据，阿尔金森提出了频数分布法、基尼系数法、阿尔金森不平等测量法，认为目标指向是一个精细的问题，有着许多不同的维度（阿尔金森，1983）；吉尔伯特等进一步地对效率进行了细化度量，指出在具体选择福利对象过程中，需要遵循两个基本原则：一是成本—效益原则，就是使有限的资源发挥最大效用；

二是以平等对待为主的普遍原则，即社会效益原则，只要是社会一员，都应该给予平等对待。蒂特马斯对成本—效益原则提出异议，他认为，短期来看，成本效益原则可以发挥资源有效性，但如果考虑在选择福利对象中的行政成本和时间，就未必能达到资源利用的最大化（Flew，1997）。

尽管对福利供给原则的话题充满了争议，提高福利供给效率的更细化的经验研究仍然得到了更广泛的关注，Colombo（2011）基于OECD国家的长期护理筹资制度的考察，提出各国实现公共支出可持续发展与效益最大化的发展路径；约克大学研究人员基于福利国家福利再分配能力和财政负担能力评估，提出加权人口法、行为法等，应用于英国国民健康服务的福利分配定位（Ken Judge，2000）；尼古拉斯等（2003）通过估算领取率研究福利政策的横向效率；萨瓦斯（2011）提出了在现代公共治理理念下，为公众提供公共服务项目的民营化意义，政府与市场合作的广泛机制、形式、路径。

第三，福利定位原则。福利国家的福利削减带来了一个普遍性政策调整，即福利政策从"普享性"向"选择性"转变，相应地对福利原则进行了重新调整，在福利紧缩的大背景下，多数学者认为，就大多数福利目标而言，争论不是集中于是否要对福利事业实行目标定位，而是如何定位（希尔斯，1983）。同时，社会福利供给的公平原则使人们普遍认可福利供给应优先向较低收入人群倾斜，在市场经济的交换过程中，支付能力决定了供给的分配，人们只能得到他们买得起的商品和服务，为没有支付能力的人提供福利最能体现福利政策的价值。英国首先提出了"谁是福利国家的受益者"的问题（Grand，1982），各国福利政策的目标也越来越指向范围收窄，定位方式更加明确，通过强化家计调查、严控受益分布等一系列相关的政策工具，使福利分配更集中于较低收入者。目标定位也就成为福利国家重新进行社会福利分配的一个重要工具，福利资格和给付方面的条款——"谁获得什么"——成为现代福利国家的既定原则。

（三）机构养老服务供给的价值取向及方式研究

第一，公共机构养老服务从全面覆盖转向优先向弱势群体倾斜。福利国家扩张时期，各福利国家大规模发展养老机构，政府通过一系列公共政策扶持机构服务的发展，引导大量的老年人入住养老机构，希望老年人能通过养老机构，获得普享式的养老服务。Bartlett（1996）认为，英国关闭医院长期逗留病房，为养老机构增加潜在客户的数量和有效地增加养老服务市场的规模；菲利普斯等

（2000）对英格兰的研究发现，政府充当第三方支付的角色，对养老机构入住者提供资金支持，国家资助金成为养老机构收入的重要来源；随之而来的福利危机，上述做法难以为继，Wistow（1995b）指出，政府的慷慨解囊使私人养老服务花费快速攀升，成为公共照料重要支出，为应对福利缩减危机，养老服务应开始市场化；同时，政府通过加强家计调查、目标人群定位等一系列政策措施，对个人社会服务体系（PPS）设置严格的支付条件限制，限制人们接受政府办的机构（潘屹，2011）。

第二，引入市场化供给方式。为解决养老服务可持续性发展问题，学者们主张引入福利的市场化供给，在费用分担机制研究上，Colombo（2011）将 OECD 国家的机构长期护理成本分担机制分为三类：一是基于资产能力的补助金政策：受益者破产的补助前提。实行这一政策的有斯洛文尼亚、英国、美国，英国规定个人储蓄高于 23250 英镑的无资格获取补助金，储蓄额低于 23250 英镑的可获得地方部门的部分资助，储蓄额低于 14250 英镑的由国家支付费用。二是公共资助定位：补救型的资金分担机制。实行这项政策的有澳大利亚、奥地利、法国、德国。澳大利亚规定年收入在 21500 澳元或资产低于 37500 澳元的老年人免予缴费，入住机构最大消费额不得超过 14000 澳元/年；德国则强调家庭作用，规定当长期护理的费用超过法定的公共资助标准时，家庭必须要负担超出的部分。三是统一成本分担费用。实行这类政策的国家有日本、韩国、比利时。韩国规定，在国家长期护理保险中，受益者必须自行支付 20% 的机构照护费用、15% 的家庭照护费用，基于家计调查制度，低收入者可减免一半费用，依赖国家救助金生活的低收入者免费。这些现象表明，让有经济支付能力的老年人通过市场获得服务，让没有经济能力的老年人获得政府资助。

这一转变在亚洲地区也引发了学者的讨论，陈燕桢（2008）认为，必须要厘清福利服务和产业化发展的政策本质，国家对符合社会福利资格规范的弱势者，其基本福利需求和照顾服务仍必须由政府担负基本照顾的责任，透过多元部门的市场供给输送服务，由供给者转变为购买者，而且担负照顾产业规范者的角色，这样两者才不会在矛盾中相互纠缠；焦亚波（2009）对上海与中国香港地区机构养老服务的对比研究发现，中国香港地区在 20 世纪 80 年代后整合机构养老服务资源，停止新建公办机构，促进养老院舍进行资源整合，调整为主要面向失能半失能老人，将资源集中在需要护理的老人身上，以政府第三方付费的方式推行买位计划，向优质私营院舍购买服务，第三方支付向低收入、高龄、失能老年人倾斜，受资助宿位与非资助宿位的比例大致为 1∶2，这一政策取得了较好的成效，有效地改变了养老服务资源供给效率问题。

近年来，我国新的社会福利政策不断出台，社会福利投入逐年提高，社会福利范围日益扩大，已进入社会福利的新阶段，新的福利价值取向也成为学界关注的焦点。王思斌等提出全民适度普惠型模式，强调福利的普遍性、适度性。[①] 郑功成提出了社会福利的公平、正义、共享原则，[②] 景天魁等提出社会福利的底线公平原则，强调底线是指社会成员基本需要中的基础性需求，非底线福利需求具有差异性，反映社会成员福利需求的多样性和偏好性。[③] 从以上表述来看，众多学者及官方文件共同提及的"公平性"已成为我国社会福利价值取向最主要的特征。

第三节　养老服务资源配置理论

国外对养老服务资源配置的研究讨论主要基于福利供给框架下资源配置的公平与效率选择。研究始于 20 世纪 70 年代，人口老龄化与财政紧缩，福利资源供给从膨胀转向收缩的背景。国外关于养老服务资源配置公平与效率的观点源于主流福利经济学、公共政策学的研究，有关机构养老资源配置主要在配置机制、政府在资源配置中的作用、养老资源在区域内的供给配置、配置中存在的问题及对策等方面。

一、国外对机构养老服务资源配置的理论研究

（一）福利资源配置理论研究

（1）福利资源配置过程中政府作用。以庇古、凯恩斯、贝弗里奇、马歇尔、阿罗以及阿玛蒂亚森为代表的一些学者把起点与结果的公平作为社会福利体系建

①　王思斌．我国适度普惠型社会福利制度的建构 [J]．北京大学学报，2009（3）：2007.
②　郑功成．中国社会福利的现状与发展取向 [J]．中国人民大学学报，2013（2）：2 – 11.
③　景天魁，毕天云．论底线公平福利模式 [J]．社会科学战线，2011（5）：161 – 167.

设的责任基础，主张加强政府主导配置福利资源（马歇尔，1972）；另一方面，自由主义学派认为应当尊重市场和个人自由，效率优先是第一价值要义，他们支持的是朴素的福利国家——福利的基本目标是减轻贫困，而不是追求社会公正这个危险性的目标中造成的鼓励浪费和低效率。自由主义者则极尽追求经济效率，进而实现公平（哈耶克，1972）。

（2）福利资源配置效率。主流经济学家主张效率优先，避免绝对公平造成福利资源配置低效率，通过改进配置方式，发挥资源最大效用，进而提高社会福利水平。尼古拉斯用帕累托最优理论解释了为什么经济效率是政策目标之一，经济效率（帕累托）是关于在人们的偏好既定的条件下，如何将有限的资源充分利用的问题，由于资源是有限的，它不可能满足每个人的需求：政策应寻求办法来尽可能地满足人们的需求，有效地使用有限的资源（Atkin，1995；费尼拉，2000；尼古拉斯，2003）；格兰认为最理想的物品分配是兼顾效率与社会公正（Grand，1992）。

（3）福利资源配置方式。Wistow 指出，政府的慷慨解囊使公共养老服务支出快速攀升，引发财政缩减，养老服务资源配置市场化是必然趋势（Wistow，1995b）。

福利经济和公共政策等领域对福利资源配置的研究已然形成了一个完整的理论框架，为养老服务资源配置研究提供了理论依据，对养老服务资源配置的公平与效率选择、主体、方式研究，均产生了重要影响。

（二）机构养老服务资源配置

福利国家对机构养老服务资源配置的研究已有几十年时间，依照福利政策价值取向，各国在机构养老服务资源配置上显现不同的特征，但均有一个共同的特征，即缩减政府举办机构的比例，以社会资本举办机构占主体，Taylor 和 Francis[1]指出美国的养老机构资源配置以遵循市场机制为主要特征，有着明显的产业化现象。美国大部分的养老都是由房地产投资建设的，政府主要是负责通过招标等形式鼓励社会各种力量参与老年社区的建设。美国的养老社区通过整合社区资源，将养老机构体系分为三类：中等程度的护理机构（Intermediate Care Facility，ICF），主要服务的对象是生活尚且能自理无需专人服侍的；协助生活机构（As-

---

[1]　SChwartz A F. Housing Policy in the United States. 2nd edition ［M］. N. Y.：Taylor & Francis, 2010.

sisted Living Facility，ALF），服务对象是需要日常生活照顾但是对医疗服务需求不大的人群；专业护理机构（Skilled Nursing Facility，SNF），服务对象是生活完全无法自理，需要全天候照顾的人群。Taylor 和 Francis 认为，美国大部分养老机构是由非营利组织和私人举办的，公办的养老机构非常少。公众捐款、入住老人缴费和政府补贴是这些非营利养老机构的主要财力来源，其中最重要的部分为公众的捐款，其支撑着美国养老机构的发展。苏国、周和宇[①]指出，澳大利亚养老机构的资源配置更注重城乡之间的差异：在城市地区，鼓励社会兴办养老机构，更加关注设施的覆盖率和使用效率；在农村地区则更注重养老服务的流动效果，采用养老服务资源流动服务的方式，向老年居民提供免费的交通支持。

二、国内机构养老服务资源配置理论研究

国内对养老服务资源配置的研究起步较晚，城乡机构养老服务资源配置类型比较研究是一个较为新鲜的研究方向，当前，学界对城乡养老服务的关注主要集中在资源配置结果的公平与效率研究上，主要观点有：

（1）关于城乡机构养老服务资源配置不平等研究。马玉娜（2018）的研究以机构养老为例，通过分析"空间—制度"的互动，提出对公共福利资源进行重新配置，以达到资源的区域公平分配目标；包先康（2017）指出，以建构多元主体的协同性认知，实现对多元主体力量的有效整合，建构农村养老服务协同供给模式，实现养老服务资源对农村人群的覆盖；关于城乡机构养老服务资源配置不平等的政策改进研究有：基于需求导向视角，提出养老服务资源应符合老年人的实际需求，按需进行配置（何文炯，2015）；基于人口资源匹配，提出人口分布与养老服务资源配置的优化机制，提出以常住人口为基础的公共资源配置（李娟，2013），同时，随着人口迁移与发展，养老服务资源配置应与时俱进（杨翠迎，2014）；基于城乡视角，指出农村人口高龄、空巢现象更为严重，应提高农村养老服务资源配置水平（农艺、刘丹鹭，2018）；基于财政资源配置效率与公平视角，提出公共财政促进城乡养老保障资源实现均衡配置的路径，通过税收、财政补贴、专项转移支付等政策工具促进城乡养老保障资源均衡配置（薛琪琪，2018）。

（2）机构养老服务资源配置方式及效率研究。关于农村养老服务资源配置

---

① 苏国，周和宇. 澳大利亚养老服务体系考察报告 ［J］. 中国初级卫生保健，2002，16（1）：5 – 7.

效率研究主要集中于以下：认为我国农村养老资源配置存在政府机制配置的低效率和市场机制配置滞后问题，提出完善政策激励、完善制度衔接完善农村养老资源的政府配置机制（唐丽娜，2012）；基于产权约束视角，认为进入"公共领域"的养老服务资源产权存在着属性上的分裂，通过成本—收益约束、非市场性约束和强制的排他性约束，进行适度的产权约束，从而优化基层养老服务资源配置（贾海彦、张红凤，2016）。关于机构养老服务资源配置结构的研究有：谭英花①通过研究认为，机构养老资源配置的实质，是将机构养老资源的供给与社会不同层次的老年人的需求最大限度地匹配，最终目的是要满足老年人口的需求。李学斌②指出，随着养老机构的投资主体逐渐多元化，政府在机构养老资源配置中有宏观管理和微观服务两方面的作用。在宏观管理上，政府需要制定有关的养老服务的政策法规来规范该行业的发展。在微观服务上，政府可以直接提供公共福利。因此，政府在协调市场和社会等主体之间的关系有着重要的作用。张宗光等③认为，目前大部分养老机构还没有实行医养结合模式，只是提供最基本的生活日常照顾的服务，在医疗护理保健服务资源方面无法满足养老服务的需求。由于养老资源有着城乡间养老床位地域分布不合理的问题：城市内的养老机构床位是"一床难求"，而县乡上的养老机构却有着床位闲置的现象。因此张旭璐④认为，城中由于"寸土寸金"，土地资源紧缺，土地租金昂贵等问题，城区内可以发展中小型、主要提供基本日常照料服务的功能单一型养老机构；而郊区空气质量，环境良好，而且地广人稀，可以发展功能设施齐全完备的大型养老机构，吸引城市老人到郊区、县乡养老。

从上述国内外研究成果来看，这些研究主要侧重于城乡机构养老服务资源配置结果研究，对资源配置结果不平等性及改进方式等方面提供了理论解释和经验支持，但对城乡机构养老服务资源配置过程的研究却鲜少涉及，养老服务资源配置类型正是配置过程的重要体现，忽视这个过程，也就无法准确回答现有的养老服务资源配置机制是否有效，如何进一步改进？此外，研究多集中在东部沿海地区，集中在某一行为选择的测量上，没有构建整体分析框架，也缺乏对经济欠发

① 谭英花. 上海机构养老资源配置研究［D］. 上海工程技术大学硕士学位论文，2014：11 - 12.

② 李学斌. 社会福利社会化政策的反思——以养老服务为例［J］. 社会工作，2009（5）：20 - 21.

③ 张宗光，孙梦露，高上雅等. 对医疗卫生和养老服务实行一体化资源配置模式的思考［J］. 中国卫生经济，2014（9）：8 - 9.

④ 张旭璐. 上海市养老机构发展困境与对策研究［J］. 劳动保障世界，2013（3）：32 - 33.

达地区城乡机构养老服务资源配置深入的研究。随着劳动力的外流，欠发达省份进一步加剧了老龄化现状，尤其在广大的农村地区，人口净流出更为严重，老年人养老问题突出，养老服务配置问题亟待理论研究和政策进一步的关注。

三、机构养老服务供给的 PPP 模式

在国外养老机构的管理中，PPP 模式是被广为推崇的，这种模式由英国引进，于 30 年前开始在英国流行，经过多年的发展迅速蔓延到澳大利亚、欧洲多个国家。考虑到政府也有其办不到或者顾及不到的地方，为了更好地解决问题，采取与社会组织合作的方式，让社会组织共同承担政府责任和利益。

E. S. Savas 指出，民营化是新公共管理的管理手段，将市场机制引入了政治领域。他将民营化划分为三种类型，分别是委托授权、政府撤资和政府淡出。公建民营模式是属于 PPP 模式中的委托授权大类下的特许经营的一种，是指场域的特许使用，具体又分为 BOT 和 TOT 两种模式[①]。Moseley 指出，PPP 可能需要很长时间来孕育，在一开始参与其中的人，没有要把它塑造成为一个正式的伙伴关系的考虑[②]。Anonymous 等通过对一些金融行业中的委托经营管理现象的深入研究，他们发现 PPP 在金融业当中的委托经营管理方式中，主要是通过人力资源外包来实现的[③]。Faisal Talib 提出，在研究养老机构质量管理的问题时，他认为应该将全面质量管理理论运用到养老机构当中，只有实施了全面的质量管理，老年人养老服务质量才会有提升[④]。Wong Eliza 指出，两大基础的驱动因素是：对合作伙伴关系的激励和对承诺的价值的证明[⑤]。建立有效 PPP 的关键包括：第一是社会力量提供的专家以及专业的设备、服务政府能有效地利用，以此来实现工作的高效率；第二是社会力量的引入，公共部门可以借助其力量和资金来进行投资，来减少外债的产生。政府借助了私营部门的优势，而私营部门也通过与政府

① E. S. Savas, Privatization and Public – Private Partnerships.

② Mendel, Stuart C., Brudney, Jeffrey L. Putting the NP in PPP [J]. Public Performance and Management Review, 2012.

③ Anonymous. Banking, Financial Services; Entrust SSL Certificates, Management Service Renewed by California HR Outsourcing Firm [J]. Technology & Business Journal, 2011: 29.

④ Faisal Talib. Best Practices of Total Quality Management Implementation in Health Care Settings [J]. Health Marketing Quarterly, 2011 (3): 102.

⑤ Wong, Eliza L. Y 1; Yeoh, Eng – kiongl; Chau, PatsyYK. 1; Yam, Carrie H. K. 1; Cheung, Annie W. L. 1; Fung, Hongl How shall we examine and learn about public – private partnerships (PPPs) in the health sector? Realist evaluation of PPPs in Hong Kong Social Science and Medicine, 2015.

部门的合作取得利润，双方的协作虽然出发点不一致，但是通过合作，可以让公共部门、私营部门、民众三方都能获益。贾康、孙洁提出，PPP 是指：政府公共部门在和社会力量的共同协作中，让社会力量在公共工程等公共产品和服务中通过其所掌握的资源参与进来，从而公共部部门的职能得以实现，民营部门的利益也跟着得到满足。两者用合作的伙伴关系，通过互相利用各自的优势来实现双赢的目的。王梅指出，1990～2011 年，中国一共有 1018 个基础设施项目有私营资本参与到 PPP 模式中，总投资金额高达 1164 亿美元。PPP 模式因而被认为是一种可以有效提供公共服务的工具。在现阶段的中国，运营的环境有待改善，政府的能力还有待加强，通过为 PPP 的发展提供良好的条件，让 PPP 在市场化进程中有更多发挥的空间。刘薇指出，当前我国主要是在交通运输、能源项目、通信、水务和污水处理个几个领域里广泛运用着 PPP 模式。[①] 作为政府吸引资金的 PPP 模式不仅是公共部门管理工具的一种，还是对社会治理和管理机制的一种创新，通过不断完善以及合理运用，在我国的老龄化问题上，PPP 能够成为解决难题并提供新的思路和有效的手段的突破口。

第四节　政府责任边界理论

世界银行的《世界发展报告》从职能职责角度指出每个政府的核心使命包括五个部分：确定法律基础、保持一个未被破坏的政策环境、投资于基本的社会服务基础设施、保护弱势群体、保护环境。[②] 这表明，为公众提供基本公共物品，增进国民福利是政府的责任。

（一）福利供给中政府责任边界的理论逻辑关系

马歇尔和庇古、萨缪尔森等提出，外部性导致公共产品在市场配置中必定无法供给或供给不足的观点，为了弥补市场的缺陷和纠正市场失灵，政府充当公共产品供给、再分配、经济调控等角色。在现代经济社会中，规避老龄社会

---

①　刘薇. PPP 模式理论阐释及其现实例证［J］. 改革，2015，1.
②　世界银行. 1997 年世界发展报告［M］. 北京：中国财政经济出版社，1997：42.

所带来的老年风险，不仅是个人利益，也是全社会的公共利益，这是政府在养老保障制度中承担责任的逻辑起点。在社会保障制度发展历史中，政府介入养老保障制度的供给对于克服各种市场缺陷、协调公平与效率的关系等方面起到重要的作用，有效解决个人的短视行为、养老保障的外部性、信息不对称等问题，① 但是，政府能力的有限性决定了政府责任承担是有限度的，有限、有为、有效是政府供给福利的界限，② 《世界发展报告》中指出："全球经济具有深远意义的发展使我们再次思考政府的一些基本问题：它的作用应该是什么，它能做什么和不能做什么，以及如何最好地做这些事情。"③ 可见，政府的责任边界正在直接影响着经济体系运行的公平与效率，社会保障产品的供给尤其如此，因此，合理划分政府的责任边界是养老保障制度高效运转的关键，在政府能力有限的前提下，供给多少、怎样供给才能实现最优的资源配置效率成为政府划分边界的关键和难题。

（二）福利国家机构养老服务供给中的政府责任定位

西方福利国家大多经历了福利扩张到福利收缩阶段，第二次世界大战后，西方国家纷纷建立福利国家，凯恩斯—贝弗里奇社会福利范式占据主导地位。④ 到20世纪70年代进入老龄化社会后，福利国家遭遇了老龄化与公共支出膨胀的困境，高福利支出及政府高度干预受到质疑，以哈耶克、弗里德曼、熊彼特为代表的新右派认为一个理想的社会应该是把政府的干预限制在最低层面，让市场发挥更大的作用。与此同时，主张引入非政府力量来弥补政府部门的缺陷，反对过分强调国家在福利提供中的作用，提升其他部门的福利提供功能，发展多元的、混合的福利制度的理念迅速盛行，并很快付诸实践，福利多元主义的代表，罗斯提出了福利多元主义的分析框架：TWS = H + M + S，TWS 为社会总福利，H 是家庭提供的福利，M 是市场提供的福利，S 是国家提供的福利。以避开国家对福利供给的垄断。⑤ 伊瓦斯、约翰逊、吉尔伯特等还加入志愿组织作为福利提供方，提

---

① 段家喜. 养老保险制度中的政府行为研究 [D]. 首都经济贸易大学博士学位论文，2006.

② 谭丽. 积极福利供给中政府责任的限度 [J]. 内蒙古社会科学，2014（3）：90–95.

③ 世界银行. 1997年世界发展报告 [M]. 北京：中国财政经济出版社，1997：42.

④ 彭华民，黄叶青. 福利多元主义：福利提供从国家到多元部门的转型 [J]. 南开学报（哲学社会科学版），2006（6）：40–49.

⑤ Rose, R. Common Goals but Different Roles: The States Contribution to the Welfare Mix. In Rose, R. & Shiratori, R.（Ed），The Welfare State East and West，Oxford：Oxford University Press，1986.

出福利多元主义的四方供给。① 诚然，关于福利供给中政府责任与市场责任的划分从未停止探索，福利多元主义的发展方向是否可以为民众提供更多更好的福利也引发了广泛争议，然而，福利多元主义仍然为福利供给中政府的责任界定提供了有力而清晰的理论依据，萨瓦斯等的公共服务民营化主张更是为政府与市场的责任界定提供了更明确的路径。萨瓦斯提出明确公共服务的供给和生产职能，以此为依据建立公共服务多主体供给的制度安排模式，确定哪些公共服务可以取自市场，哪些必须由政府提供。②

表 2 - 2　公共服务多主体供给的制度安排

服务安排	安排者	生产者	谁支付成本
低水平的公共服务供给	政府	政府	政府
一般水平的公共服务供给	政府和消费者	私营部门	政府和消费者
高水平的公共服务供给	消费者	私营部门	消费者

资料来源：萨瓦斯的公私民营伙伴的关系。

在福利多元主义理论指导下，西方机构养老服务供给广泛引进"多元化"的供给主体，政府在机构发展中的责任定位可以从对机构发展的政策界定和对享受机构服务的人群的公共资助两方面来考察。英国是福利国家中养老服务市场化程度较高的国家，也是最早实行多元化供给福利的国家，政府通过关闭公办机构，发展民营机构的政策，促使民营机构的迅速发展，2001 年英国护理院，地方政府办的只占 17%，民间志愿组织办的占 21%，私人建立和管理的护理院占全部总数的 63%。③ 在公共资助方面，英国自 20 世纪 90 年代将养老服务市场化后，同时取消了国家对机构养老入住者的资金支持，公共资助对个人社会服务体系设置了严格的支付条件。接受政府办的社会服务体系要经过严格的家庭财产调查，并控制入住人员数目，政府提出更大限度减少政府供给成本的政策目标，即

---

① ［美］吉尔伯特，特瑞. 社会福利政策导论 ［M］. 黄晨熹等译. 上海：华东理工大学出版社，2003.

② 萨瓦斯. 民营化与公私部门的伙伴关系 ［M］. 北京：中国人民大学出版社，2001.

③ 潘屹. 西欧社会服务的概念及老人社区照顾服务的发展趋势与特点 ［EB/OL］. 中国社会科学院社会政策研究中心，英国剑桥大学，http://www.mca.gov.cn/article/mxht/llyj/200803/20080300012831. shtml，中华人民共和国民政部网站.

鼓励老年人居家养老及社区养老，提倡家庭及社区承担相应的赡养责任。

在英国的混合供给型（政府与社会组织合作供给）福利模式中，政府通过免税及直接资助的方式提供资金资助，在志愿组织服务获得的资金中，政府的资助占第一位，达到了志愿组织全部收入的 54.4%，其次是个人缴费部分，占26%。私人服务则更多地依赖于其自身的经营。① 其他 OECD 国家的养老机构服务也经历了公共支出减小、政府责任收缩的过程，政府承担的照护对象多为贫困者、低收入者，从 OECD 国家长期护理成本分担机制来考察，大多数 OECD 国家仅为贫困者提供部分资助，英美等传统的"自由主义"福利国家，在建立老年人养老机构保险计划后，从计划中支付贫困老年人的食宿费用，而个人储蓄高于23250 英镑的将无资格获取公共补助金，由个人自行负担支出；德国、法国等则由社会救助计划为贫困者提供食宿资助，并附带了严格的资助条件，德国规定当长期护理的费用超过法定的公共资助标准时，超出的部分由家庭负担。韩国规定，享受国家长期护理保险计划的，受益者必须自行支付 20% 的机构照护费用、15% 的家庭照护费用，基于家计调查制度，低收入者可减免一半费用，依赖国家救助金生活的低收入者免费。北欧"社会民主主义"福利国家机构养老的食宿支出通常由政府税收提供，但通过收入关联测试等家计调查手段限制受惠人群与支出上限，澳大利亚规定年收入在 21500 澳元或资产低于 37500 澳元的老年人免

表 2 - 3　OECD 国家机构养老服务食宿支出来源

公共资助对象仅为贫困者的类型		收入关联的支出类型	
食宿费用从养老机构计划中支出	食宿费用独立于养老机构计划，由社会救助计划支出	收入关联测试	收入与家庭资产测试
美国、英国、斯洛文尼亚	德国、法国、波兰、瑞士、意大利、希腊、西班牙、葡萄牙、韩国	挪威、瑞典、芬兰、加拿大部分省份、新西兰	澳大利亚、加拿大部分省份、爱尔兰

资料来源：OECD 国家 2009 年 10 月养老机构公共支出问卷调查，转引自 Colombo F. et al. Help Wanted? Providing and Paying for Long - Term Care ［R］. OECD Health Policy Studies, OECD Publishing, 2011：234.

---

① 潘屹. 西欧社会服务的概念及老人社区照顾服务的发展趋势与特点［EB/OL］. 中国社会科学院社会政策研究中心，英国剑桥大学，http：//www. mca. gov. cn/article/mxht/llyj/200803/20080300012831. shtml，中华人民共和国民政部网站.

予缴费，入住机构最大消费额不得超过 14000 澳元/年。①

从以上福利国家的实践发展来看，政府责任中最核心的职能——公共资助，呈缩减趋势，并且有严格而明确的条件约束，政府以外的市场、家庭被赋予更多的责任。

（三）中国社会福利供给中的政府责任

中国传统的福利供给政策覆盖范围狭窄、项目单一，是残缺的、封闭的混合模式②（郑功成，1997），在这一模式里，国家是福利供给的唯一主体，到了改革开放之后，福利政策仍然处于市场经济发展的从属地位，社会福利主要集中于两部分：一是狭义的民政福利，这部分福利则仅仅是对部分社会成员的补救性福利措施，为满足弱势人群基本生活需要、缓解贫困和应对突发性灾害导致的不利后果而由国家提供的一种低水平物质与现金救助③（熊跃根，2010）；二是面向城镇职工的企业或单位福利，这部分福利是中国社会福利的真正主体，是典型的就业关联制的福利特征。供给主体是政府或国有企业。这一时期的福利特征是：覆盖面窄、受益对象少、缺乏公平性，同时，企业开始作为福利供给的主要主体之一，承担起了企业职工福利的供给责任。到了 20 世纪八九十年代之后，传统的福利体系已经完全不适应市场经济的发展，也无法满足人们日益增长的福利需求，窄覆盖、低水平的社会福利完全不能满足民生需要，和谐社会的建设迫切需要社会福利制度从补缺型转变到适度普惠型④（民政部，2008）。有学者指出，传统的福利政策面临的问题是国家提供福利的体系抑制了市场经济的发展，损害了社会成员的利益，形成了新的不平等机制，形成僵化和缺乏活力的保障，是满足部分社会成员需要的补缺型社会福利制度安排。⑤（黄黎若莲，1995）因此，国家提出了社会化福利的发展理念，开始引入社会机制，由第三部门等机构提供社会福利，公共部门由直接供给变成间接供给主体，通过 PPP 管理模式、财政补贴等形式，间接地供给福利。

---

① Colombo, F. et al.. Help Wanted? Providing and Paying for Long – Term Care ［R］. OECD Health Policy Studies, OECD Publishing, 2011：235 – 236.
② 郑功成. 论中国传统社会福利制度及其缺陷［J］. 社会工作, 1997 (5)：8 – 12.
③ 熊跃根. 论转型时期我国福利体制的改革与社会政策的发展［J］. 学习与实践, 2010 (1)：88 – 100.
④ 民政部于 2008 年提出发展适度普惠型社会福利的战略。
⑤ 黄黎若莲. 中国社会主义的社会福利［M］. 北京：中国社会科学出版社, 1995.

经过多年的发展，社会福利供给已经取得了一定的成绩，但仍存在很多问题，郑功成认为，中国仍未走出传统福利困境，政府公共福利资源的现行配置方式基本是沿用传统模式，即根据政府举办的福利机构来配置资源，不是依据老年人的需求来配置资源，导致供给效率低下①；彭华民指出，社会福利目标定位应以人的需要为本②；景天魁提出福利供给的"底线公平"原则，强调福利基础部分由政府保障实施，底线以上的非基础部分，由市场由家庭和个人去负责，并构建福利效应的评价模型，保证福利供给的公平与效率③；胡湛等认为，福利供给政策应当回应老龄问题的多样性与复杂性规律，福利政策亟须从应急性措施转向短期、中长期目标兼顾④；郑秉文认为，福利政策基本的公平原则可以分为横向公平和纵向公平，前者要求境况相同的人在所有相关方面应该得到相同的待遇，后者要求境况不同的人应该得到不同的待遇⑤；纵向公平的核心是制度应该使收入再分配向低收入的个人和家庭倾斜⑥（尼古拉斯，2000）。总而言之，新型社会福利制度的基本框架，主张国家应当以确保国民福利与国民经济同步发展为新时期的基本方针，重视国民福利诉求中的精神需要与情感满足，尊重社会福利制度的普适性规律，尊重中国的具体国情特别是传统文化与国民特性，走出一条中国式的社会福利发展道路。⑦（郑功成，2013）

当前，从我国福利供给的内容和方式来看，福利供给可看作是以政府为主导的社会化福利供给模式，主要包括三大方面的内容：一是向特定群体提供直接的经济补贴，二是向特定群体提供服务，三是扶持其他的福利提供主体。

① 郑功成.中国社会福利改革与发展战略：从照顾弱者到普惠全民［J］.中国人民大学学报，2011（2）：47－61.
② 彭华民.论需要为本的中国社会福利转型的目标定位［J］.南开学报（哲学社会科学版），2010（4）：52－61.
③ 景天魁.创新福利模式，优化社会管理［J］.社会学研究，2012（4）：1－10.
④ 胡湛，彭希哲.发展型福利模式下的中国养老制度安排［J］.公共管理学报，2012（7）：60－73.
⑤ 郑秉文.经济理论中的福利国家［J］.中国社会科学，2003（1）：41－63.
⑥ 尼古拉斯.福利经济学前沿问题［M］.巴等尔主编，贺晓波等译.北京：中国税务出版社，2000：6.
⑦ 郑功成.让国民福利与国民经济同步发展［J］.中国人民大学学报，2013（2）：1.

第五节 福利资源配置方式

社会福利的本质是以一定的价值理念为基础的，体现了复杂的利益关系。陈治认为，社会福利是政府主导下的利益配置的过程，蕴含着责任主体、参与供给主体以及社会成员之间动态、复杂的利益关系。因此，福利的供给可以看作是社会财富及其他利益配置的过程，核心在于"社会资源是如何分配的"，那么，这就进一步涉及更具体的"如何提供福利"以及"向谁提供福利"的问题。

（一）公共福利配置效率评估方式

国内对福利供给的效率评估研究主要集中在公共服务供给、医疗卫生服务供给研究上，景天魁提出要对社会福利需求和供给结构、社会福利分配原则和方式等基础问题进行量化，初步提出构建福利效应评价模型。① 但并未就如何进行计算进行深入的探究。公共服务研究和医疗卫生资源配置研究则广泛地使用了公共支出归宿研究方法。公共支出归宿研究旨在分析公共支出利益为谁获得及其引起的人际间收入分配影响，② （世行报告，2004）该问题引起国外学界的关注已有近半个世纪，近十年来也引发了国内学者的广泛关注，主要用于对公共支出政策评价的需求。许建标等对国外公共支出归宿研究进行了总结归纳，提出利用公共支出归宿研究工具能够回答公共支出利益到底为哪些人获得、旨在改善贫困阶层状况的公共支出是否有效（或反而让高收入阶层获益更多）、公共支出改善收入分配不平等的程度如何等问题。③ 公共支出归宿研究依次主要解决三个问题：一是确定公共支出利益的受益人。因有些公共品所具有的非竞争性和排他性特点，以及分析视角的不同，对受益人会有不同的界定。二是衡量受益人在公共支出中的受益量，确定公共支出利益在人际间的分配状况。三是对归宿分析结果的评

---

① 景天魁. 福利实现过程的科学基本过程 ［J］. 北京工业大学学报（社会科学版），2013 （6）：1 - 9.

② Wulf D. Incidence of Budge strategy Out lays: Where do We Go from Here? ［R］. Public Finance, 1981 （1）：55 - 75；让服务惠及穷人（2004 年世界发展报告）［M］. 北京：中国财政经济出版社，2004.

③ 许建标，丛树海，汪崇金. 公共支出归宿研究文献综述 ［J］. 上海经济研究，2013 （1）：46 - 56.

价，判断具体公共支出对收入分配影响的程度。[①] 刘穷志基于公共支出归宿法及省际数据，构建一个公共支出归宿绩效评测方法模型，对中国公共服务利用的阶层分布进行分析。[②] 申曙光等运用广东省 2004～2007 年的新型农村合作医疗数据，采用基尼系数、集中指数、卡瓦尼指数，测算和分析了广东省新农合制度的筹资与受益的公平性。[③]

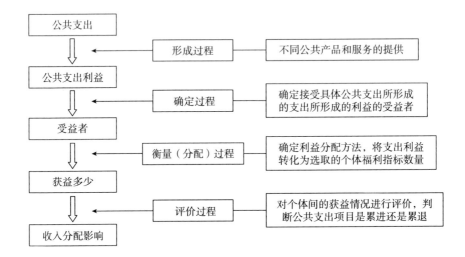

图 2 - 1　公共支出利益分析框架

尽管由于公共产出难以衡量，相关信息缺乏等原因，使公共支出受益归宿变得难以衡量的、计量归宿的因素复杂而且难以把握，[④] 但相对而言，公共支出受益归宿法仍然是人们评价公共政策的一个比较理想的选择，为人们深入分析公共支出对公民福利的改善结果及其收入再分配效应提供了可操作的依据。[⑤] （许建标，2013）

①　许建标. 公共支出归宿成本法：回顾与展望 [J]. 经济界，2013 (1)：85 - 90.

②　刘穷志. 公共支出归宿：中国政府公共服务落实到贫困人口手中了吗？[J]. 管理世界，2007 (4)：60 - 68.

③　申曙光，孙健. 新型农村合作医疗制度公平性研究——以广东省为例 [J]. 人口与经济，2009 (5)：84 - 91.

④　Bhatta Charya，J. And D. Lakda Walla. Does Medicare Benefit the Poor? [J] . Journal of Public Economics，2006，90：277 - 292；林伯强. 中国的政府公共支出与减贫政策 [J] . 经济研究，2005 (1) .

⑤　许建标. 公共支出归宿成本法：回顾与展望 [J]. 经济界，2013 (1)：85 - 90.

（二）机构养老服务资源配置状况

学者的研究主要集中在两大方面：一是机构养老服务供给的公平性研究。大多数学者的研究集中于不同所有制机构间的公平关系分析，郑功成等认为，目前福利公共投入结构畸形，主要集中在高端退休人群与政府举办的福利机构①。黄健元等基于江苏省养老机构研究指出，目前民办养老机构面临着政策落实得不到位和政策制定体系的滞后严重影响民办养老机构的发展，需要政府加大扶持力度，② 江燕娟等研究指出，政府对公办机构投入过高，对民办机构扶持不足，导致两类机构供给效率低下；③ 也有部分学者注意到了机构养老服务供给的不同人群的福利公平性研究，冯占联等基于南京、天津两地对比分析，表明机构养老服务供给存在不同人群的不公平问题；④ 张翔等指出，目前机构养老服务资源配置不公平，"低价格、高补贴"的政策不公平的分配规则加剧了经济社会条件好的老年人长期占用公共资源的现象⑤。二是机构养老服务供给的效率研究。穆光宗认为，目前机构养老服务存在功能混乱、服务质量低下等六大问题⑥；何文炯等基于浙江省实地调研数据，指出护理型养老机构的床位数不到浙江省养老机构总床位的20%，机构服务供给与需求不匹配，供给效率低。⑦ 也有一些研究者对机构养老服务发展、定位问题进行了研究，柳键等通过建立民办养老机构与政府的博弈模型，分析民办养老机构获得有利发展条件的机制。⑧ 董红亚指出，政府和社会各方对养老机构的定性存在分歧，致使政策摇摆不定，或以事业视之，或以产业视之，致使养老机构的发展定位不明确，应确定养老机构的非营利性质，加

① 郑功成. 中国社会福利改革与发展战略：从照顾弱者到普惠全民 ［J］. 中国人民大学学报，2011（2）：47 - 61.

② 黄健元，谭珊珊. 江苏省民办养老机构发展现状困境及出路 ［J］. 西北人口，2011（6）：55 - 61.

③ 江燕娟，李放. 我国养老机构服务的有效供给研究 ［J］. 广西社会科学，2014（11）：132 - 137.

④ 冯占联，詹合英，关信平，风笑天，刘畅，Vincent Mo. 中国城市养老机构的兴起：发展与公平问题 ［J］. 人口与发展，2012（6）：16 - 24.

⑤ 张翔等. 排队还是"走后门"——对一家公办养老机构低价床位实际分配规则的实证研究 ［J］. 第九届社会保障国际论坛摘要集，2013（8）.

⑥ 穆光宗. 我国机构养老发展的困境与对策 ［J］. 华中师范大学学报（人文社会科学版），2012，3：31 - 39.

⑦ 何文炯，杨翠迎，刘晓婷. 优化配置加快发展浙江省机构养老资源配置状况调查分析 ［J］. 当代社科视野，2008（1）：29 - 34.

⑧ 柳键，舒斯亮. 政府与民办养老机构互动机理及管理策略研究 ［J］. 华东经济管理学报，2013（10）：151 - 157.

大扶持力度。[①]

目前国内对机构养老服务效率评估研究较少。主要集中于对老年人机构养老服务需求的实证研究，戴卫东基于江苏及安徽两省 2400 份调研问卷数据，运用回归模型等方法对老年人长期护理需求的影响因素进行分析，分析表明，地区因素对老年人需求有显著性，子女数、身体状况、家庭照料、养老金等因素对发达地区的老年人护理需求有显著影响，而较欠发达地区较不明显。[②] 袁畅对养老机构老年人服务需求影响因素进行了多元回归分析，提出老年人对服务需求主要受身体状况、是否空巢、精神慰藉需要等因素影响。[③] 高晓路基于北京市新建商品房小区、混合社区、单位大院、旧城街坊、经济适用房和廉租房 6 个典型社区的问卷调查结果，构建了基于结合分析的偏好指数模型，定量分析了老年人对养老机构的偏好特征和不同类型社区的差异，研究结果表明，不同社区的老年人对养老设施的性质、区位、服务标准和收费的偏好呈现明显的空间分异，老年人对公办养老机构的需求比例为 40% 左右，70% 的老人期望收费在 2000 元/月以下。[④]

供给实证研究，冯占联等基于南京和天津调研数据，用描述性、双变量统计分析等实证分析方法对老年人选择养老机构时是否面临机会不平等问题进行分析，结果表明，理应收住失能困难老人的公办养老机构，入住老人却大都为健康老人，现有机构的资源配置方式不利于老年人平等获得机构养老服务，造成养老资源分配不平等。[⑤] 何文炯等对浙江省养老机构进行了实地调研，运用描述性分析的方法，提出目前机构养老服务供给存在几个问题：部分公办养老机构定位不准，造成公共资源分配不公；部分床位闲置，造成养老资源浪费；护理型养老机构偏少。[⑥] 章晓懿等采用定量和定性相结合的方法，在梳理上海市、区两级养老机构补贴政策的基础上，收集养老机构运营数据，深入比较政府补贴对社会办养

① 董红亚. 非营利组织视角下养老机构管理研究 [J]. 海南大学学报（人文社会科学版），2011（2）：71 – 78.

② 戴卫东. 老年长期护理需求及其影响因素分析——基于苏皖两省调查的比较研究 [J]. 人口研究，2011（4）：85 – 94.

③ 袁畅. 养老机构老年人服务需求影响因素研究 [J]. 中国护理研究，2014（5）：1 – 3.

④ 高晓路. 城市居民对养老机构的偏好特征及社区差异 [J]. 中国软科学，2013（1）：103 – 115.

⑤ 冯占联，詹合英，关信平，风笑天，刘畅，Vincent Mo. 中国城市养老机构的兴起：发展与公平问题 [J]. 人口与发展，2012（6）：16 – 24.

⑥ 何文炯，杨翠迎，刘晓婷. 优化配置加快发展浙江省机构养老资源配置状况调查分析 [J]. 当代社科视野，2008（1）：29 – 34.

老机构的影响，进而探索政府补贴对非营利养老机构运行的影响。①

基于供需关系的实证研究：刘红、吴敏分别基于统计数据、山东省调研数据对老年人机构养老服务意愿及机构服务供给现状进行描述性分析，②③ 多位硕士研究生基于机构服务的供需矛盾对机构发展现状、资源配置方式进行了分析，但多数都是运用描述性分析方法，没有运用严谨的实证分析方法对需求与供给进行分析，缺乏对供需关系的内在机理探讨，对问题的研究浅尝辄止。④⑤⑥ 此外，也有学者对机构养老服务发展、质量等问题进行了实证分析，柳键和舒斯亮基于26省截面数据，运用主成分分析法和多元回归分析方法对养老服务机构绩效的影响因素进行分析，研究表明固定资产原价和养老服务机构职工数量是影响养老服务机构绩效的两个主要因素，人均收入次之⑦。

表 2 - 4   国内硕博士论文对机构养老服务相关实证研究的文献情况

作者	研究主题	实证分析方法	被解释变量	来源
赵婷婷 (2013)	我国城镇养老服务机构的问题研究——福利混合经济的三维分析框架	描述性分析	养老机构运营、规制分析	博士论文
焦亚波 (2009)	社会福利社会化背景下的上海养老机构发展研究	描述性分析	养老机构服务内容、类型及发展情况	博士论文
吴敏 (2009)	基于需求与供给视角的机构养老服务发展现状研究	描述性分析；多层 Logistic 回归模型	入住养老机构意愿养老机构供给现状	博士论文
谭英花 (2014)	上海机构养老资源配置研究	描述性分析	人口社会学特征、养老机构服务供给情况	硕士论文

① 章晓懿，沈崴奕. 政府补贴对非营利养老机构发展影响——基于社会办和政府办养老机构运营状况比较 [J]. 中国第三部门研究主题论文，2014.
② 刘红. 中国机构养老需求与供给分析 [J]. 人口与经济，2009 (4)：59 - 66.
③ 吴敏. 基于需求与供给视角的机构养老服务发展现状研究 [D]. 山东大学博士毕业论文，2011.
④ 张子珍. 机构养老服务供需及对策研究 [D]. 华东政法大学硕士毕业论文，2013.
⑤ 谭英花. 上海机构养老资源配置研究 [D]. 上海工程技术大学硕士毕业论文，2014.
⑥ 阮凯. 上海市城市机构养老服务供需矛盾研究 [D]. 华东理工大学硕士毕业论文，2014.
⑦ 柳键，舒斯亮. 我国养老服务机构绩效影响因素实证分析 [J]. 管理学刊，2013 (4)：58 - 63.

作者	研究主题	实证分析方法	被解释变量	来源
张子珍 (2013)	机构养老服务供需及对策研究	描述性分析	入住养老机构意愿 养老机构供给现状	硕士论文
阮凯 (2011)	上海市城市机构养老服务供需矛盾研究	描述性分析	机构服务类型需要供给情况	硕士论文①
彭湘红 (2010)	城市机构养老服务的供求研究——以长沙市为例	描述性分析	入住养老机构的意愿、养老机构服务供给情况	硕士论文
刘本强 (2010)	我国养老机构供求状况分析	描述性分析	入住养老机构意愿养老机构供给现状	硕士论文

第六节　文献述评与研究设计

综上所述，已有研究为本书奠定了良好的理论和实践基础，但仍存在一定局限性及深化研究的方向：

首先，已有的关于机构养老服务供给和需求的研究较多，这些研究主要集中在对养老机构现有的供给基础、公共政策导向、老年人对机构养老服务的需求的研究，对机构养老服务资源配置研究较少，而基于城乡机构养老服务资源配置比较研究则很少涉及。其次，对城乡机构养老服务资源配置效果的比较、评估也鲜有研究涉及，而城乡差异带来的服务不平等、利用效果差等问题，缺乏深入的研究；最后，针对欠发达省份的研究较少。作为劳动力流出省份，老龄化程度较深，养老保险金水平较低，资源配置的不均衡性更容易引起福利的"漏斗"效应，即福利供给的低效，无论是从理论或是实践，均有较大的研究基础和价值。

基于上述前人研究的可能性、不足性及拓展方向，本书拟着眼于城乡机构养老服务资源配置现状，分析城乡机构养老服务资源配置特征，包括硬件资源、护理资源、管理、公共政策等资源配置，同时，考察机构养老服务资源配置类型的

---

① 柳键，舒斯亮．我国养老服务机构绩效影响因素实证分析［J］．管理学刊，2013（4）：58－63．

公平性与效率、评估利用效果，结合老年人入住养老机构的需求，分析城乡机构养老服务资源配置可能存在的问题，探索机构养老服务资源配置方式的最优路径。

第七节　本章小结

本章主要讲述了城乡机构养老服务资源配置的理论基础，总结归纳公共产品理论、福利国家的福利供给理论、政府责任边界、公共资源配置理论等理论为核心，梳理了国外福利供给、中国福利供给现状、机构养老服务等研究文献。

（1）公共产品理论。通过对公共产品的界定、分配特征以及准公共产品的供给机制的理论进行总结归纳，分析养老服务符合准公共产品的性质，也是具有个人消费特征的产品，为老年人口提供养老机构服务是全社会共同应对老龄化风险的重要方式，既有政府的责任，也包含了个人责任，属于准公共产品。

（2）福利供给理论。通过对福利国家的福利政策及其价值取向的理论进行总结，提出福利政策的公平性与效率的价值取向，以及介绍福利政策效果的评估方式、测量工具；分析中国福利政策演变中的价值取向，政策体现公平性、全民性的价值要义。

（3）政府责任边界理论。对政府责任内涵进行理论剖析，指出在养老服务福利性与市场性取向中，界定政府责任边界的理论依据。对国外福利供给中的政府责任、中国福利供给中的政府责任进行理论梳理。指出我国以政府为主导的社会化福利供给模式，主要包括三大方面的内容：一是向特定群体提供直接的经济补贴，二是向特定群体提供服务，三是扶持其他的福利提供主体。

（4）公共资源配置理论。对公共福利配置效率评估方式、公平性与效率性、机构养老服务资源配置状况研究进行理论梳理。

（5）机构养老服务研究的文献综述。梳理近年来机构养老服务的有关研究，包括机构养老服务供给、需求、效果评估等文献，分析这些文献研究中存在的不足，以及可能进一步拓展和研究的方向。

第三章 城镇养老机构服务资源配置现状及问题分析

近年来，广西社会化养老服务发展迅速，为了更好地发挥公共资源效率，扩大养老服务供给量，通过将公办养老机构、乡镇敬老院转向公建民营的发展模式，依托政府部门力量新建养老机构，委托给社会组织经营管理，改革调整后，公办养老机构与公建民营两种类型的养老机构有着不同的发展现状，机构养老资源配置的效率与公平决定着养老机构的服务质量，影响着社会养老服务的发展。本章通过对广西县城的5所养老机构的调查研究，了解公办养老机构和公建民营养老机构服务资源配置的现状，分析公办公营和公建民营两种性质的养老机构有形资源和无形资源的差异，发现机构养老服务资源配置存在的主要问题，有针对性地提出建议，为养老机构资源配置的优化提供参考。民办养老机构是由符合条件的社会组织，依照民政部门要求进行建设和经营管理的养老机构，作为养老机构的重要构成部分，由于其低廉的收费价格，为一部分低收入老年人提供了性价比较高的养老服务，本章将对以上三类养老机构的资源配置现状进行分析，找出存在的问题，进而分析原因，提出对策。

首先，本章通过查阅中国知网数据库和南宁市政府出台的政策及查阅图书对关于养老机构资源配置的现状、研究成果等进行梳理。其次，通过问卷调查获得南宁市县城部分机构养老资源配置情况，包括机构数量、经营状况、入住率、管理水平、护理资源等。再次，通过访谈法对老人进行访问，了解老人对该养老机构的满意程度、服务质量、住养支出等具体内容。最后，根据对比南宁县城的五所养老机构人力资源、物力资源、财力资源、政府资源、医疗资源的资源配置情况，分析公办公营和公建民营养老机构之间的资源配置情况和存在的问题。

第一节　养老机构概念界定及分析思路

养老机构主要分为三类：公办养老机构、公建民营养老机构、民办养老机构。其中，公办养老机构和公建民营养老机构占养老机构总数过半，即机构养老服务主要由这两类养老机构提供。因此，本章首先对这两类养老机构的资源配置现状进行分析。随机选取广西公办养老机构与公建民营养老机构为案例进行阐释。南宁市在广西率先推行养老机构的公建民营模式，在社会化养老机构改革和发展上积累了较好的经验，同时，南宁市的人口老龄化程度较高，老年人在机构养老服务需求上具有一定的代表性。因此，本章选取的样本主要以南宁市为主。公办养老机构与公建民营养老机构具有高度相似性，体现在以下方面：第一，主要的建设力量为政府，公办养老机构由政府全责举办，而公建民营养老机构由政府修建好房屋、配备一定的基础设施，再交由社会组织进行运营管理；第二，这两类养老机构目前占全部养老机构的主体，为老年人提供了主要的养老服务；第三，入住率都较高。因此，本章在分析时，将这两类养老机构放到一起进行比较分析，对民办养老机构单独进行分析。

一、相关概念界定

公办养老机构①是指完全由政府举办，同时政府掌握着养老机构的所有权和运营权，政府既承担建设又承担经营管理，城镇公办养老机构主要依托当地社会福利院举办，在社会福利院中招收老年人，是传统社会福利模式下的产物，依据有关政策，公办养老机构优先收住城镇"三无"老人（即无劳动能力、无生活来源、无赡养人和扶养人，或者虽有赡养人和扶养人，但赡养人和扶养人确无赡养能力或者扶养能力），"低保"老人，以及其他贫困老人，残障老人的赡养和救助，并招收社会老人；乡镇敬老院主要为农村"五保"提供养老服务，（即保证吃、穿、住、医、葬）老人，为社会底层群体、弱势群体提供兜底的机构养老服务。

---

①　张旭璐. 上海市养老机构发展困境与对策研究［J］. 劳动保障世界，2013（3）：32-33.

公建民营养老机构指的是在起初阶段由政府负责提供资金，负责建设养老机构的基础设施，再通过招标的方式由社会组织等来进行管理和承办，在此过程中政府发挥监督责任，提供政策扶持、资金扶持等。公建民营模式的养老机构带有一部分公共福利性质，通常是由非营利组织进入经营管理，能有效地避免因初始投资成本大、市场利润回报率低的劣势而难以吸引社会资本进入的问题，同时，公共政策优惠为社会组织提供了一定程度的帮扶，一方面有利于弥补市场失灵，避免政府直接参与提供服务，另一方面有效减轻了财政负担。

本章通过随机抽取调研数据，对公办公营和公建民营养老机构之间的资源配置进行比较，分析城乡两类养老机构服务资源配置问题，提出改进建议。

二、分析思路

本章通过对公办养老机构与公建民营养老机构之间养老资源进行对比，即从人力资源、物力资源、财力资源、政府资源、医疗资源作为切入点，分析两类养老机构存在的资源配置差异问题，找出优化路径，实现社会福利的最大化。

（一）案例数据收集与研究方法

1. 案例数据来源

本次调查采用简单随机抽样方法，从广西县城的养老机构中抽取 5 所养老机构作为调查对象，调查地点分布在上林县、宾阳县、武鸣区，这 5 所养老机构分别标识为武鸣区 A 养老院、武鸣区 B 养老院、上林县 C 养老院、宾阳县 D 养老院、宾阳县 E 养老院。具体如表 3 - 1 所示。

表 3 - 1　调查对象

养老机构名称	性质	特色服务
武鸣区 A 养老院	公办公营	无
武鸣区 B 养老院	公建民营	无
上林县 C 养老院	公建民营	医养结合
宾阳县 D 养老院	公办公营	无
宾阳县 E 养老院	公建民营	医养结合

2. 调查对象的代表性

在调查对象的地点选取上，选择宾阳县是因为在广西南宁市各县中，宾阳县

60 岁以上的老人较多,截止到 2015 年,60 岁以上的老人有 13.41 万人[①],仅次于横县。在老年人口数量较多的背景下,该地区养老机构是否满足老年人口的养老需求,资源配置是否合理,具有一定的代表性和典型性,因此选取宾阳县;武鸣区的前身是武鸣县,于 2016 年撤县改区,由于武鸣有着行政区划改变的特殊性,此改变对武鸣区的养老机构在财政投入、政策倾斜、老人资源等资源配置是否有影响,因此也将武鸣区列入本书调查的区域中。

在选取具体的养老机构上,从表 3-1 中可以看出,在武鸣区和宾阳县所调查的养老机构性质均是公办养老机构,这样既有利于同地区之间的横向比较,也有利于同性质养老机构之间的纵向比较。武鸣区 A 养老院和宾阳县 D 养老院在当地是典型的公办公营性质的养老机构,因此选其作为调查对象;武鸣区 B 养老院与宾阳县 E 养老院,同为公建民营性质的养老机构,主要区别在于有无医养结合特色服务,能对养老医疗资源的配置进行横向对比。因此在公建民营性质养老机构的选择上,一个选择无特色服务的,另一个选择有特色服务。

选取上林县养老院是因为它是广西南宁首家实行医养结合的公建民营养老机构。无论是实行公建民营体制改革,还是推行医养结合模式都是起步较早的养老机构,具有典型性,并且能与宾阳县 E 养老院的医养结合模式进行对比分析,能更全面地分析医养结合模式下的医疗资源配置。

(二)调查步骤

通过确定数据来源点,结合实地调查和发放调查问卷两种方式,设计了两种调查问卷,目的是了解老年人养老服务情况(问卷 1,见附录)和养老机构服务情况(问卷 2,见附录)。第一步,问卷 1 向该养老机构的老人进行问卷调查和访谈。问卷 2 通过纸质版向养老机构的院长发放。本次调查共调查 5 所养老机构,问卷 1 共发放 5 份,收回有效问卷 5 份,有效率 100%;问卷 2 发放 150 份,收回有效问卷 137 份,有效率 91.3%。第二步,调查结束后汇总有效问卷,通过 Excel、SPSS 统计软件对调查数据进行汇总分类,分别获得各个养老机构入住老人人数、老人年龄层次等多种信息,调查结果是一一对应的。第三步,在养老机构中随机抽取 1~3 名护理人员进行访谈,包括该养老机构的管理者的管理才干、

---

① 巫德富,谭雪燕.城市养老设施建设需求与空间布局研究——以南宁市为例[J].广西社会科学,2017(1):22.

养老机构的声誉、老人资源等无形资源进行了解。第三步，汇总调查数据，描述调查结果，撰写论文。

第二节　公办养老机构与公建民营养老机构资源配置的案例分析

本研究实地调查养老机构5家，其中公办公营养老机构2家，公建民营养老机构3家。两类性质养老机构样本占比相对平均。公办公营性质养老机构的样本数合计为79份，构成比为57.6%；公建民营性质养老机构的样本数合计为58份，构成比为42.4%。

具体如表3-2所示。

表3-2　调查机构基本信息　　　　　　单位：份,%

机构名称	机构性质	样本数	构成比
武鸣区A养老院	公办公营	33	24
武鸣区B养老院	公建民营	25	18.2
上林县C养老院	公建民营	16	11.8
宾阳县D养老院	公办公营	46	33.6
宾阳县E养老院	公建民营	17	12.4

一、五所养老机构基本配置情况

（一）武鸣区A养老院

武鸣区A养老院是武鸣区民政局直属的事业单位，属于公办公营性质的养老机构，经费由财政全额拨款。其占地面积10亩，总建筑面积3880平方米，绿化面积3000平方米，活动广场600平方米，总床位数100张。目前养老院收养五保老人5人，社会托养（自费）老人73人，优抚对象6人。工作人员32人，其中在编事业单位人员13人，城区财政经费聘用人员10人，福利院自费聘用人员

9 人。院内绿化环境好、设备较为齐全。有老人活动的小广场，广场内建有长廊，机构内有阅览室可供老人阅读杂志书刊、健身室可供老人健康锻炼、卫生室可以提供基础医疗服务、饭堂等基础设施总体上较好，院内老人部共有 90 个床位，房间设有单人间、双人间、多人间。房间内配有卫生间、电视机、电风扇、家具，可以满足不同层次需求的老人入住。

（二）武鸣区 B 养老院

武鸣区 B 养老院原为武鸣县双桥镇敬老院，于 2015 年 8 月进行公建民营体制改革，更名为武鸣区真情养老院，是南宁市重点推荐的示范性公建民营养老服务机构。其占地面积 15 亩，总建筑面积约为 3800 平方米，绿化面积 3000 平方米，总床位数 180 张。室外有园林式花园、凉亭、小型广场，以及适合老人健身的运动器材。室内设有老年人活动室、阅览室、棋牌室等。优先接收有入住需求的五保老人，也接受不同阶层的社会老人。

（三）上林县 C 养老院

上林县 C 养老院原是上林县社会福利院，于 2014 年 5 月 19 日由公办转为民办非企业单位，实行承包托管后先后投入 380 万元对整个社会福利院进行整修，是南宁首家医养结合的养老机构。公寓占地面积 11939 平方米，拥有 5 栋公寓楼，建筑面积 4477 平方米，总床位数 150 张。公寓与上林县中医院相邻，依托上林县中医院的资源优势将老人护理、疗养、康复、保健服务融为一体。院内设置有医护办、治疗室、值班室和 18 个住院床位。开展探索医养结合的新型养老模式，取得较好的成效。

（四）宾阳县 D 养老院

宾阳县 D 养老院是宾阳县民政局下财政全额拨款事业单位，执行事业单位会计制度，属于公办公营性质的养老机构。其占地面积 4666 平方米，拥有床位 110 张。D 养老院收养五保老人、社会老人、老军人、孤儿等民政对象。

（五）宾阳县 E 养老院

宾阳县 E 养老院原为新桥镇中心敬老院，于 2017 年 2 月推行公建民营体制改革，总投资 800 多万元，是宾阳县首家公建民营示范点，也是宾阳县首家示范性医养结合养老院，是自治区 10 所示范性中心敬老院之一。其占地面积 20 亩，总建筑面积 3398 平方米，总床位数 100 张。2017 年 3 月 31 日，宾阳县福寿养老院新桥分院与封氏医院签订医疗合作协议，由封氏医院驻派医生和护士每天来院内看诊，配备各种移动式诊疗设备。院内设立有老年活动场所，医务室，健身房等。

二、公建民营型养老机构发展现状——基于 B 养老院的案例分析

（一）B 养老院的基本情况介绍

本研究选取的 B 养老院创办于 2015 年 8 月，属于南宁市重点推介的示范性公建民营养老服务机构。机构在筹建初期共投入 418 万元，占地面积 3800 平方米，设有 180 个床位。养老院离南宁市区有 20 千米，靠近伊岭岩旅游风景区，地理位置优越，交通十分便利。房型种类齐全，房内备有智能呼叫系统，各种生活家居用品一应俱全。室外有花园、凉亭、广场、爱心菜园等休闲养生的场地。现有员工 28 人，其中，管理人员有 3 人，护理员有 17 人，在这之中有护理专业的 12 人，保安 2 人，后勤 6 人。

（二）B 养老院入住老人的需求分析

对于南宁市武鸣区 B 养老院入住老人的需求调查，笔者主要分为两种类型的老人对他们分别进行访谈，一类是生活基本能够自理，属于能够接受三级护理和二级护理的范畴；另一类是生活不能自理，需要专业护理人员全天候照顾的老人，属于一级护理或者特级护理的范畴。举两个访谈对象为例，访谈对象基本资料：老人 A，男，73 岁，壮族，退休工人，护理等级为特级护理，生活不能自理，腿脚不便，中风卧床，但是思维清晰；老人 B，女，78 岁，壮族，农民，护理等级为一级护理，腿脚不便，走路要依靠扶椅，患有糖尿病，需常年服药。

老人 A：因为身体中风的原因，走路行动都不方便了，需要有人在身边照料，小孩又都在外地工作，逢年过节才有休假时间回来看望一下自己，来这里也是比较让小孩放心的，他们在外面工作也安心，我在这里三餐起居有人照料，也可以好好地安度晚年生活，老伴很早就去世了，到这里有其他老人一起看看电视，聊聊天也不会觉得这么孤独。

老人B：我在养老院待了三年了，早些年腿脚还不像现在这样不利索，三餐还可以照顾好自己的，年纪大了起来，腿脚不利索了，走路都难，又有糖尿病，越来越不中用了，以前还有几块菜地要管，现在这样身体不出大问题就已经很好了，家里的子女都各自结婚生子了，他们有自己的家庭要照顾，我一个人住在农村的老屋里，万一在家发个病晕过去都没人知道，唉！在这里虽然不像在家自由，但是有人24小时照顾，我一有点不舒服就有医生过来诊治，饭菜还会送到宿舍来，在这里还是挺好的，就是有点闷。

总结受访老人的观点，我们不难发现，他们有一个共同之处最主要的还是家庭成员忙工作生意没时间照看，老人身体条件都比较差，不能照料好自己的起居。通过访谈，我们了解到如果是身体较为健康的老年人，陪伴是他们入住养老院最大的需求，因为平常独居的时候独生活枯燥无趣，来到养老院最重要的是能够在这里寻求志同道合的玩伴，以排解自己生活的烦闷，他们对于护理人员的要求不高，对于在养老院所获得的娱乐要求比如书籍期刊、报纸杂志、棋牌书画、健身设施的要求会较高一些。

而对于身体较差、生活不能自理的老年人，来养老院主要是有人可以照顾自己，这类老人对于护理人员的要求较高，需要护理人员有较好的护理技能以及对疾病救助有一定的专业知识，且他们还要求养老院有专门的医生，在犯病时能够及时救助。

（三）B养老院护理人员结构分析

通过调查目前武鸣区B养老院中有28位工作人员，17位为护理员，大专以上有四人，小学文凭三人，护理专业12人。年龄在30~50岁的居多，30岁以上六个，50岁以上两个。当地护理员居多，外地护理员居少，目前有5人离开，12人加入，岗位流转情况还是比较严重的，主要是由于工资待遇水平低、工作压力大。

护理员李阿姨今年43岁，来养老院工作已经有两年了，被问起工作情况的时候，李阿姨说道："来着这里工作是因为离家较近，可以照顾到家里的老人小孩，比出去打工好。我们的工作主要是分配好的，由主要负责的老人，我就负责一楼这边三间宿舍的老人，他们主要都是身体活动不便，要帮他们喂饭、洗漱、翻身、换药，工作比较烦琐一点，有个老人身体是比较好的，但是是痴呆，也很难照顾，有时候会很凶，不给靠近，不肯洗澡，像任性的小孩子一样，我手腕这里就是上回帮她洗澡的时候被咬伤的，到现在还没消肿。"

另一位护理员是位年纪尚小的姑娘，毕业于护理专业，来养老院工作已有小半年，据她说这里的生活很有条理，照顾老人也感到工作的艰辛不易，这份工作是需要爱心和耐心的，需要对这些老人抱有关怀，把他们当作自己家的老人一样照看，这样工作才会使得上劲。

总结了受访问的护理员的回答，有些护理员从事这份工作是出于养老院离家较近，来养老院工作可以方便回家，照看一下家里读书的小孩，有些是因为养老院提供宿舍与伙食这样也能省下一笔开支，主要的需求就是普遍觉得待遇偏低，工作内容繁重，缺少一些活动来丰富一下枯燥的照料生活，一般养老院的护理人员与社工、医生、护士是不一样的，他们文化程度低，从农村出来打工对职业晋升不关注，但是对工资比较看重，所以他们一般进行的是体力劳动而非脑力劳动，对于这类人员，如果能在薪资上有所提高，待遇上进一步完善，他们是肯付出劳动力的。

（四）B 养老院运营情况分析

B 养老院的负责人表示，目前养老院的资金来源主要是个人投资与收费即老人进入养老院的入住费，但是目前入住的情况是仍旧有很多空床位，养老院也处于亏损的状态，希望政府机构能够多予以一些政策的优惠和资金的支持，人力物力上的帮助都是可以的。很多时候政策没能得到有效的落实，只是停留在一纸文书的层面上，这样的话政策就会丢失掉制定的意义，效果得不到挥发无异于政策的落空。如果可以的话，希望政府帮助公建民营类的养老机构进行一些电视或新媒体的宣传，从而帮助提高养老院的入住率。

三、两类养老机构资源配置情况对比

（一）养老机构有形资源情况

1. 基础设置资源配置情况

（1）养老机构床位数。本次调查中，武鸣区社会福利院与宾阳县社会福利院的机构性质为公办公营，它们的平均入住率分别为 84.0% 和 92.7%。武鸣区真情养老中心、上林县福寿老年公寓、宾阳福康养老院新桥分院的机构性质为公建民营，入住率分别为 44.4%、88.7%、62%。具体如表 3 - 3 所示。

表3-3 养老机构平均入住率 单位：张，%

机构名称	总床位数	入住床位数	空置床位数	平均入住率
武鸣区 A 养老院	100	84	16	84.0
宾阳县 D 养老院	110	102	8	92.7
武鸣区 B 养老院	180	80	100	44.4
上林县 C 养老院	150	133	17	88.7
宾阳县 E 养老院	100	62	38	62.0

经过对比发现，本章调查的公建民营性质的养老机构可提供的床位数较多，但入住率却普遍低于公办公营性质的养老机构。由此推测，在公办公营养老机构在优先接纳"五保"老人、入住率高的情况下，社会老人将会面临公办公营养老机构"一床难求"，而有的公建民营性质的养老机构"门可罗雀"的情况，呈现出两类养老机构养老服务资源利用的平衡现状。

（2）老人房间内的基础设施与室外环境。本次调查的养老机构中，在老人房间内装备空调的有2家，均为公建民营养老机构，占所调查机构的40%；老人房间内有空调的有2家，同样均为公建民营养老机构，占所调查机构的40%；老人房间内装备报警器的有4家，其中公办公营的有1家，公建民营的有3家，分别占所调查机构的20%、60%；老人房间内装备轮椅的有4家，其中公办公营的有1家，公建民营的有3家，分别占所调查机构的20%、60%；老人房间内装备卫生间的有4家，其中公办公营的有2家，公建民营的有2家，占所调查机构的40%、40%；老人房间内装备电话的有1家，均为公建民营养老机构，占所调查机构的20%。具体如表3-4、图3-1所示。

表3-4 老人房间内基础设施

	电视	空调	报警器	轮椅	卫生间	电话
武鸣区 A 养老院			√		√	
武鸣区 B 养老院	√	√	√	√	√	√
上林县 C 养老院		√	√	√		
宾阳县 D 养老院				√	√	
宾阳县 E 养老院	√		√	√	√	

在实地调研时发现，案例中的公办公营养老机构的花园、活动广场等室外活动场地面积较大，绿化建设较好，房屋建筑外观崭新。但从调查数据中可看出，案例中的公办公营养老机构在老人房间内的基础设施单一，只能满足老人在养老院的基本需求，电视、空调等提高生活质量的设施在调查的公办公营养老机构均没有配备。由此推断，本次调查的公办公营性质的养老机构在室内与室外的财政公共投入结构存在不合理的现象：过于注重室外建筑设施建设，忽视了真正关系到老人起居的配套设备。

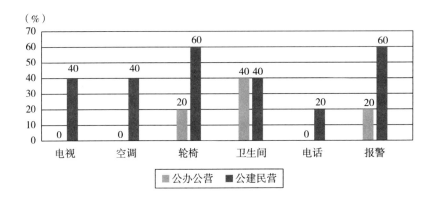

图 3-1 养老机构的基础配置占比情况

案例中的公建民营养老机构都是由公办机构转为公建民营养老机构，在原有的养老机构设备基础上引进社会资本再投资改造。在实地调查时发现，所调查的公建民营养老机构由于原先政府财政的公共投入在养老院的室外绿化、活动广场、房屋建筑的建设已基本完善，因此社会资本再进行投资改造时会将资金重点投入在老人房间内的基础设施上，如房间内的轮椅、电视、空调等能提高老人生活质量的起居用品。因此案例中的两类养老机构在室内与室外基础设施资源对比上，公建民营比公办公营养老机构更合理、完善。

2. 人力资源资源配置情况

人力资源是机构养老服务提供的具体实施主体，合理的人力资源配置能保障机构养老服务提供的效率。

案例中两类养老机构在人员结构方面：本章调查的公办公营养老机构在管理人员的配备方面占比很大，占比44.6%，而护理人员则占比55.4%，存在管理人员人数过多的问题。由于管理人员是一个养老机构的管理层和决策层，并不负责老人的日常护理工作，而养老机构内管理人员过于饱和，会造成"吃粮不管事"的养闲人的情况。在本次调查的两类养老机构纵向对比下，公建民营养老机构便有很大的改善：降低管理人员的数量，提高医护护理人员的数量，管理人员与护理人员分别占比26.7%和73.3%，人员配置结构更为合理。具体如表3-5和图3-2所示。

表3-5　各养老机构工作人员数量及构成　　　　　　单位：人

机构名称	工作人员	养老护理员	医护护理人员	管理人员
武鸣区 A 养老院	32	14	1	17
宾阳县 D 养老院	33	16	5	12
武鸣区 B 养老院	37	17	12	9
上林县 C 养老院	41	20	10	11
宾阳县 E 养老院	25	12	6	8

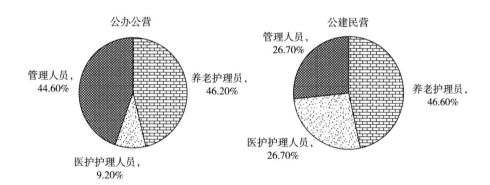

图3-2　两类养老机构各类人员占比

　　案例中两类养老机构的护理人员（包括养老护理人员和医护护理人员）在人数配备方面：根据《老年人社会福利机构基本规范》中提到的养老机构中，只有护理院标准明确规定了人力资源配备标准，要求50张床位以上的护理院，每个床位至少配备0.8名护理员。根据表3-3和表3-5算出，武鸣区 A 养老院、宾阳县 D 养老院、武鸣区 B 养老院、上林县 C 养老院、宾阳县 E 养老院每个床位可分配到的护理员人数分别为：0.15名、0.19名、0.16名、0.2名、

0.28 名。由此看出，案例中两类养老机构存在护理人员人数配置不足，造成老人护理服务质量不高、老人入住归属感差、护理人员工作压力大的问题。

如表 3-6 所示，在护理人员的性别、年龄结构、学历、护理专业是否对口方面：在性别结构上，案例中两类养老机构护理人员的男女比例不协调，均是女多男少的情况，性别不同带来的隐私差别会造成男性老人在受女护工的日常照料时心理上的不舒服，造成护理不方便。

表 3-6 两类养老机构的护理人员基本情况统计

		武鸣区 A 养老院	宾阳县 D 养老院	武鸣区 B 养老院	上林县 C 养老院	宾阳县 E 养老院
项目		公办公营（人）		公建民营（人）		
性别	男	0	3	1	4	2
	女	14	18	28	26	26
年龄（岁）	30 以下	0	0	6	0	16
	30~50	4	17	7	7	10
	50 以上	10	4	16	23	2
学历	大专以上	1	1	4	6	16
	中学或中专	12	19	22	20	10
	小学以下	1	1	3	2	2
平均月薪（元）	1000 以下					
	1000~2000		√			
	2000~3500	√		√	√	√
	3500 以上					
护理专业对口	不对口	12	16	17	20	22
	对口	1	5	12	10	6
过去一年人员流动	离开	2	2	5	8	6
	加入	2	2	12	3	2

在年龄结构上，案例中公办公营性质的养老机构工作人员年龄结构偏中年化。从医学上说，人类在步入中年后体力、脑力等各方面都呈下坡阶段，大多数

人都处于"亚健康"的身体状态,有着不同类型的慢性病,会造成"老人"照顾老人的局面。相比之下,案例中的公建民营养老机构,除了上林县福寿老年公寓的护理人员年龄结构明显呈中老年化之外,其余2所公建民营养老机构均不同程度地吸纳了年轻的护理人员,但30岁以上的护理人员仍占多数。

在学历上,年轻的护理人员的学历普遍比年龄大的护理人员要高,有着护理专业知识更扎实的优势。但是养老机构提供给护理人员的月平均工资水平普遍在2000~3500元,年轻的护理人员在工资水平偏低、工作压力大的情况下多数会选择离职。因此,案例中公建民营性质养老机构工作人员的流动性比公办公营的要大,这样会影响到老人情感认同度。

在护理专业是否对口方面,这项对比主要是指上岗的护理人员是否接受过护理方面的培训,是否持有职业资格认证证书。案例中两类养老机构专业不对口的护理人员人数均比专业对口的人数要多,并且相当一部分护理人员是先上岗后培训,培训也是轮岗培训,与形成专业的护理人才还要相当大的差距。

综上所述,案例中两类养老机构的人力资源配置均存在护理人数配置不足、男女比例不协调、护理人员年龄结构集中在50岁以上、学历偏低、护理专业水平较低的问题。在此基础上,案例中的公建民营有着管理人员与护理人员人数结构更合理、吸纳到年轻护理人员、拥有大专以上学历的人数较多的优势,但也有人员流动性较大的劣势。

3. 财务资源情况

(1)基本投入。本次调查的养老机构中,公办公营性质的养老机构——武鸣区A养老院、宾阳D养老院的资金基本投入分别为150万元、180万元;公建民营性质的养老机构——武鸣区B养老院、上林县C养老院、宾阳县E养老院的资金基本投入分别为418万元、380万元、100万元。案例中两类养老机构的资金投入对比发现,所调查的公建民营养老机构所得到的资金投入普遍比公办公营的所得到的投入要多,验证了上文所提到的"所调查的公建民营养老机构老人房间内基础设施配备比公办公营养老机构的要完善",原因是养老机构在实行公建民营体制改革后,拓宽了投资渠道,社会资本进入养老服务行业后将资金重点投入在老人房间的室内设备配套方面。案例中的公办公营养老机构,得到投入资金并没有合理分配,造成了增加公共财政负担、公共资源配置效率低、投入资金没有用到"刀刃"上的问题。

(2)机构收支情况。在本次调查的5所养老机构中,只有宾阳县D养老院的财务收支状况是基本持平的，其余的养老机构都是亏损的。由此又调查了各个养老机构的主要收入来源和安置老人的收费标准情况。

根据表 3-7 可以看出，所调查的养老机构资金来源渠道单一：案例中公办公营养老机构的资金来源依托财政拨款，几乎没有得到来自企业的投资和社会捐赠；案例中公建民营养老机构资金主要来源于老人每月缴纳的入院费用和个人投资。2016 年南宁市民政局印发了《南宁市民办非营利性养老机构补贴实施办法》，其中规定了符合申报标准的民办非营利养老机构可获得一次性建设补贴、床位运营补贴。但在实地调查中发现，所调查到的公建民营养老机构均表示没有得到当地财政补贴，有的管理人员甚至不知道有这项优惠政策，这也反映了政府尽管制定了促进养老服务行业发展的政策，但是存在政策宣传、实施不到位，养老机构管理人员申请不积极的问题。

表 3-7　各个养老机构运作资金来源

	入院费用	政府拨款	个人投资	社会捐赠
武鸣区 A 养老院		√		
武鸣区 B 养老院	√		√	
上林县 C 养老院	√		√	
宾阳县 D 养老院	√	√		
宾阳县 E 养老院	√		√	

综上，所调查的养老机构在运作资金上均感到资金不足，其中有资金来源渠道单一、政策落实实施不到位的问题，限制了养老机构的发展，难以形成规模效益。

在案例中，无论是公办公营还是公建民营性质的养老机构，在接纳老人的入住条件基本都是一致的：主要对象为 60 岁以上老人，无传染病、无精神病、无器质性疾病需住院治疗的，并且这些符合条件的老人要适合养老院集体生活。各个养老院会根据按照老人年龄、健康状况、生活自理能力、思维功能进行综合评估确定护理级别。下列以武鸣区的两所养老机构的评定标准作为代表说明：武鸣区 A 养老院（公办公营）将老人分为三类：自理老人 1500 元/月，半失能老人 1800 元/月，失能老人 2300 元/月；武鸣区 B 养老院（公建民营）则将老人需要的护理程度进行分级收费，三级护理为 1600～2000 元/月，二级护理为 1800～2200 元/月，一级护理为 2000～2400 元/月，特级护理为 2200～2600 元/月。在所属同一地区养老机构之间的横向比较可以看出，案例中的公建民营性质养老机构的收费划定更加细致，在划定的各个级别都有服务范围，而不是笼统主观判定老人是否能生活自理，并且收费的划分与所调查的公办公营性质的养老机构相差无几。而从所调查的两类养老机构的纵向比较中看出，案例中的公建民营性质与公办公营性质的养老机构收费相差不大。武鸣区 A 养老院（公办公营）与武鸣区 B 养老院（公建民营）分别收费为 2115 元、2260 元。宾阳县 D 养老院（公办公营）与宾阳县 E 养老院（公建民营）老人入院平均收费为 1518 元、1850 元。当地养老机构的收费标准会按照当地的消费能力进行设置，因此本书认为武鸣区和宾阳县的养老机构无论是公办公营还是公建民营性质的养老机构平均收费都相差不大。

综上所述，公建民营养老机构具有一定的逐利性特点。案例中的公建民营养老机构在前期资金投入大、成本高，比较三家公建民营养老机构后，投入最大的是武鸣区 B 养老院，初期投入达到了 418 万元（见表 3-8），而入住率不足，运营回报率低、收益慢、投资周期长等问题使养老机构财务维持困难，甚至出现亏损的情况，这会降低民间投资的积极性，影响到公建民营养老机构长期的可持续发展。

（二）养老机构无形资源情况

1. 政府资源

（1）在财政补贴方面：南宁市武鸣区民政局 2018 年部门预算报告中，2018 年老年福利支出 39 万元，社会福利事业单位支出 148.16 万元[①]。武鸣区 A 养老院属于南宁市武鸣区民政局的二级预算单位，纳入财政拨款支出的范围。而武鸣区 B 养老院已实行公建民营体制改革后，自主经营、自负盈亏，因此在运营资金方面没有政府的财政补贴。2015 年部门预算报告中显示，2015 年宾阳县 D 养老院得到财政拨款 173.06 万元[②]。宾阳县 E 养老院金桥分院与武鸣区 B 养老院属

---

① 预决算公开，南宁市武鸣区民政局 2018 年部门预算及"三公"经费预算［EB/OL］．广西南宁市武鸣区门户网站，http：//www.wuming.gov.cn/article/detail/53424.
② 宾阳县社会福利院 2015 年部门决算［EB/OL］．南宁市宾阳县民政局，http：//www.gxmzt.gov.cn/info/72786.

于同一情况。

由此看出，案例中的公办公营养老机构，每年都能获得数额可观的财政拨款。但是根据上文的分析，案例中的公办公营养老机构过于注重建筑的建设，而忽视了配套的设备、专业护理人才的引进。推测是由于管理层的管理才能不足，使得没有合理规划资金用途，导致公共资源配置低效、投入资金浪费。而案例中公建民营养老机构在政府财政补贴上，是远低于同地区的公办公营养老机构的。

表 3 - 8　其中三家公建民营养老机构服务资源配置比较

机构名称	上林县 C 养老院	宾阳县 E 养老院	武鸣区 B 养老院
筹建初期投入资金（万元）	80	100	418
机构运作资金来源	政府拨款、收取入住费用	收取入住费用、个人投资	收取入住费用、个人投资
资金运转状况	亏损	亏损	亏损
床位数（张）	51～100	51～100	101～200
入住率（%）	20～30	50～60	30～40
护理人员人数（人）	8	12	17
是否享有床位补助	部分拿到	部分拿到	部分拿到
是否有护理证书	无	有	有

（2）在优惠政策方面：在税收优惠政策方面，《国务院关于加快发展养老服务业的若干意见》（国发〔2013〕35 号）明确提出对养老机构提供的养护服务免征营业税，对非营利性养老机构自用房产、土地免征房产税、城镇土地使用税，对符合条件的非营利性养老机构按规定免征企业所得税。各地对非营利性养老机构建设要免征有关行政事业性收费。因此，案例中所有的养老机构均能享受税收优惠政策。

在推动养老服务行业发展方面，《南宁市人民政府办公厅关于印发南宁市加快发展养老服务业实施意见的通知》（南府办〔2015〕40 号）明确规定了符合申请补贴资金的民办养老机构能获得一次性建设补贴、床位补贴、床位运营补贴、一次性建设补贴的二次补贴的标准。实质上是为了推动公建民营养老机构的建设和发展。此外还将得到本级福利彩票公益金上相应的资助。因此武鸣区 B 养老院、上林县 C 养老院、宾阳县 E 养老院都享受此项优惠政策。

2. 医疗资源

案例中公办公营养老机构获得医疗资源很少：宾阳县 D 养老院、武鸣区 A 养老院内护理专业或持有职业资格证的人数分别有 5 人和 1 人，医护人员根本无法满足院内入住老人的医护需求。主要原因是公办公营性质的养老机构养老与医疗分离，养老机构又难以吸引专业护理人才，造成案例中公办公营养老机构的医疗资源配置低效。

案例中公建民营养老机构则积极探索"医养结合"发展模式：上林县 C 养老院充分利用与上林县中医院相邻的区位优势，在养老机构与医院之间设立了绿色通道，解决了入住老人看病远、看病难的问题。只要老人发生突发情况，能立即送往医院救治，为老人提供了快速便捷的医疗卫生服务。并且上林县 C 养老院将医院的科室引进老年公寓内，保证公寓内 24 小时都有值班医生，还在公寓内设置了专门的点滴室，实现了老年人的普通的小病可"足不出户"实现就医。宾阳县 E 养老院则是与附近的一家封氏烧伤创伤医院（民营医院）签订医疗合作协议，由封氏医院在 E 养老院内设立卫生室和家庭病床，派驻临床经验丰富的医师和护士，同时配备各种移动式诊疗设备，定期给老人提供健康体检，对患病老人给予及时、有效的医疗服务。封氏医院的特色在于用中医的方式治疗老人的褥疮、糖尿病皮肤溃疡等疾病。

3. 管理者才能

在案例中，无论是公办公营还是公建民营养老机构均有管理人员管理才能不高的问题。公办公营养老机构的管理者才能不足主要表现在，对财政投入的资金使用不合理，上文在"基础设置资源配置情况""政府资源基本投入情况"中已有具体分析，此处不再赘述。

公办民营养老机构的管理者才能不足则主要表现在，在拥有"医养结合"特色服务、院内室内与室外基础设施配置较完善的情况下，老人的入住率（具体如表 3 – 3 所示）却竞争不过同地区的公办公营养老机构。这是由于管理者没有树立起养老院的品牌意识，对本养老院的社会宣传力度不够，而社会上老人对公办公营养老机构有入住偏好，因此导致案例中两类养老机构的老人资源分配不合理。

4. 社会声誉

在实际调研中发现，调查的两类养老机构在老人入住满意程度方面没有太大的差异。但是社会对公办公营养老机构有入住偏好：在本地区各类性质的养老机构无法完全每个都具体了解的情况下，人们总是"本能"地认为公办公营的养老机构最好。因此总是先将老人送入公办公营养老机构，导致公办公营养老机构"一床难求"，两类养老机构的老人资源分配不合理。由此推测，这与社会对公办公营养老机构的偏好、公建民营养老机构宣传力度不够有关。

四、访谈整理

（一）访谈对象：院长

在所调查的养老机构中，其财务收支情况基本处于亏损状态，只有极少数养老机构的财务状况是收支基本持平。因此，由于运作资金短缺，护理人员的薪资待遇偏低，有着招人难，招聘专业人才更难的问题，人力资源短缺、人员流动大是各个养老机构都存在的问题。在养老机构中，常出现"一个人身兼数职"的情况，医护护理人员不仅负责打针、量血压的医疗服务工作，也要承担起喂饭、洗衣等日常照顾工作，工作量大、杂。尽管在管理养老机构的条例中有规定要明确划分各类护理人员的工作范围，但是在实际情况中难以做到。在访谈中发现，尽管政府相关部门出台了很多优惠政策，但是没有真正落到实处，有的养老机构反映没有得到政府的床位补贴资金。养老机构的院长在访谈中都提到他们对养老机构无形资源的关注都不多，几乎没有品牌意识。

（二）访谈对象：老人

在访谈中，有老人表示政府领导对他们的关注不够，有领导下基层巡视也只是走马观花。在养老机构服务方面，有的养老机构即使在房间安装有报警器，老人按了报警铃也无人响应，"铃"等于"零"，服务不够及时，并且夜间没有安排查房，餐食单调无变化。存在这养老机构管理效率低的问题。在养老机构的老人很多是半失能和全失能老人，几乎没有自理能力，只能被动地接受养老院的安排。

第三节　公办养老机构与公建民营养老机构资源配置对比存在问题介绍

一、两类养老机构有形资源存在的问题

(一) 基础设施设备资源配置总体水平不高，配套建设落后

养老机构基础设施是保障入住老年人日常生活不可缺少的物质条件，基础设施设备不完善不仅会影响老人的生活质量，还有可能带来安全要隐患。在调研过程中发现养老机构的室外硬件设施建设优质，但是配套建设落后：老人房间内基础设施不完善，养老机构管理僵化、医护资源短缺。造成这样问题的原因在于：①政府财政投入结构不均衡。公办公营养老机构在得到财政拨款后对资金的投入分配不均匀，过于注重养老机构的外表工程，注重建设室外设备而忽视了室内的配套设施；政府对公建民营养老机构财政投入力度不足，导致公建民营养老机构难以发展更多的业务。②管理层的才能。管理层对资金的分配不合理、管理方式不恰当都会导致该问题的发生。③民营力量较弱。公建民营养老机构的运作资金主要来源于老人入院费用和个人投资，力量较弱，不能很好地完成公共服务供给。

(二) 人力资源配置有待提高

1. 人员结构不合理

所调查的养老机构中均存在着管理人员与护理人员比例不合理、工作人员男女比例不协调、工作人员年龄结构偏大的问题。原因在于：①护理人员难招。案例中公办公营养老机构属于事业单位，管理层一般为事业单位的在编人员，容易存在管理层"肥大"却难以删减的情况。而案例中的公建民营养老机构的管理层通常为投资人作为管理层。因此在管理人员难以改变的情况下，护理人员难招聘，造成了管理人员与护理人员比例相当的结果。②男性护工的社会认可程度不高。社会观念普遍认为护理工作适合女性，因此养老机构在招录护理人员时，很

少有男性护理人员应聘。③工作压力大、工资待遇低。由于养老院内入住老人多，而护理人员不足，会导致工作压力大。在工作压力大的同时养老机构能给付的工资待遇却比较低，因此难以吸引年轻的护理人员来养老机构内工作。

2. 整体素质不高，专业人才缺乏

所调查的养老机构内的工作人员年龄结构偏大带来的问题就是学历偏低，专业护理素养不高。造成的原因是：①养老行业天然的弱质性。年轻人对养老服务行业认可度不高，大多数年轻人不愿意从事养老护理工作。②养老机构对护理人员的护理培训较少，通常是先上岗后培训，培训也是论培，与形成专业的护理人才还要相当大的差距。③政府对养老服务人才专项补贴扶持力度不够，无法有力地吸引优质护理人才。④没有有效地整合养老资源和医疗资源。案例中除上林县福寿老年公寓和宾阳县福康养老院新桥分院推行了"医养结合"模式外，其余的养老机构均没有与医疗机构签署合作协议。

3. 政府财力资源配置相对不均

政府投入资金主要用于公办公营养老机构，公办养老机构有政府的大力支持和庇护，基本能做到收支平衡。而不少社会办的养老机构还处于亏损状态，但也只能由举办人自己筹资填补。原因在于：①公办公营养老机构属于事业单位，因此拿到政府的财政拨款。②实行公建民营体制改革的养老机构实行所有权与经营权相分离的原则，由养老机构自主经营，自负盈亏。财政是在有关政策下对公建民营养老机构进行补贴。因此政府财力资源分配上是公办公营养老机构多于公建民营养老机构。

二、养老机构无形资源存在的问题

（一）优惠政策落实不到位

所调查的养老机构中部分机构表示没有得到政府的床位补贴、一次性建设补贴等财政补贴，反映了政府制定了政策，但政策落实不到位的问题。主要原因在于：①政策具有一定的门槛，部分养老机构不符条件。②养老机构管理者对政府制定的优惠政策不知情。由于政府制定的优惠政策是需要符合条件的养老机构自主申请财政补贴，但是由于管理者对政府的优惠政策不知情，在机构硬件建设时，未考虑条件限制，或是错过申请时间，导致未能获得财政补贴。③对养老机构负责人的培训不足。组织各养老机构负责人的学习交流频率不高，导致难以提升养老机构负责人的管理才能，对政策的利用效果较弱。

（二）医疗资源欠缺

在调查中发现，公办公营性质的养老机构几乎没有配备专业的医生，对老人的照顾只停留在了日常的照料等服务。公建民营性质的养老机构，虽然有部分实现了"医养结合"，但这仍然只是少数。在调查的养老机构中均存在着医疗服务水平低且服务内容单一的问题。原因有以下几点：①基层养老机构无论是就业前景、晋升空间还是薪资待遇都难以和专业医院竞争，很难吸引和留住专业人才；②未积极推进与当地的医疗机构建立合作机制，没有有效整合养老资源和医疗资源。

三、公建民营养老机构运行管理中存在的主要问题及原因分析

（一）发展存在的问题

1. 政府职责转移、界定问题

从理论上来看，"民营"与"政府直接经营"在概念上是相对的。公共部门将部分权力和职责让渡给私人部门这种合作方式就是公私合作，即私人部门通过合同承包、租赁、特许经营等形式承担了过去由政府承担的部分职责。有一些城市的政府将公共事业原有的部分国有资产卖给私人企业经营，以此来改善政府的财政状况，不管后续的运行情况，这样不仅会使政府职责的缺失，还会引发一系列的问题。因此合理定位政府职责对于推行公私合作制是十分重要的。政府及公共部门在公私合作之中，要承担的职责包括，第一，作为公众利益的代表，公共产品的质量和数量需要得到保障，如果出现公共产品数量、质量达不到民众的需求，政府必须承担相应的政治责任；第二，对于规则的制定，政府部门要承担起执行者的职责；第三，政府和公共部门作为公共服务的采购者，还要承担确定采购标的职责。

2. 公建民营政策没有细化、难落实

目前政府对于政策的制定，公共部门给出的只是一个大致的方向与框架，签订的合同如果在细节方面没有详细化，容易出现受托方通过钻条文的空子来获得利益的情况。在公建民营模式实际的运行过程中，出现的问题大多是非常具体和带有机构相应特色的，问题的出现却没有相对应的政策及规定来解决，使得双方各自承担的责任模糊化，问题也会因此被搁置而得不到及时的解决。要让制定好

的政策得到有效充分的响应，就要回到政策制定的初衷，实现政策存在的意义。

3. 养老机构缺乏专业高效的管理

有些公建民营的养老院是由多个合伙人共同投资的，这些合伙人一般会成为养老机构的管理者，他们的利益密切地和养老机构的发展情况紧密相连，为了获得更多的利益，这些投资人会想办法削减成本，节约支出，其中支出的大头之一就是人力资源的部分。为了节约资金，投资方一般不会请专业的管理人才，一般就由自己来代办机构管理的事宜，而管理经营是需要专业的技能的，高效专业的管理对于养老机构的长远发展是至关重要的，如果没有专业的人才，养老机构在管理上是难以达到一个优质的水平。

4. 成本压制与服务质量之间的矛盾

养老院要发展，为了获利也为了生存，会从支出上进行缩减控制。这样做的后果就是会导致员工的工作量增大，要承担的任务变多，在相同的低待遇的条件下，工作时长或者任务量的加大会使员工感到劳顿。长此以往容易形成不良的负面情绪，可能在工作当中有失职懈怠情况，老年人获得的服务的质量会受到一定的影响。员工在养老机构里感受不到归属感，员工离职的意愿会因此加强。这样会影响养老院的长远发展，对于岗位的了解需要时间和相应的一些培训，再一个是从老年人的情感稳定来考量，长久稳定的情感联结，可以让老年人更好地养老，熟悉老人的身体及心理状况的员工也能带来更好的护理，若频繁地更替员工肯定会影响入住老人的权益。更有可能会出现垄断行为，造成付费能力较低或者完全没有付费能力的老人，得到较差的服务，反而会形成一种社会福利资源的不均等。公办养老机构缺乏竞争意识，管理效率低下，使民办养老机构无法在市场上公平竞争，对民办养老机构的发展形成了制约。

(二) 问题产生的原因分析

1. 关系：政府与市场的职能、角色不清

在公私合作制当中，要弄清楚政府与市场职能还有角色的关系，首先角色和职能分别可以分为：资产所有权、进行固定资产投资、提供流动资本、追加投资经营和维护管理权利、商业风险的承担者以及私营合作方获取报酬的方式是基于结果还是扣除承担者使用现有资产？向公共部门合作方式支付的费用以及期限是多少年？如果是特许经营的话几乎这些责任就是由民营企业来承担，只有将政府于市场分别承担的责任弄清楚了，才能进一步完善公建民营养老机构中存在的问题，政府到底要扮演什么样的角色，是否公建民营模式后，不需要再介入。

2. 安排者（政府）：政府后期监管缺位

在合同承包中，政府应当充当公共物品的和社会需求的确定者这样理想的角色，还有干练通达的购买者，购买项目及服务进行监督的检查者，对项目实施情况进行打分的评估者，以及谨慎的支出者。其中特殊的形式是政府保留的设施资产所有权，让私人企业去经营。作为安排者的政府，在合同承包的后期所起到的作用是缺位的，该管的没有管到位，很多时候下达的政策流于形式，停留在"传"而未到"达"，对于公建民营养老机构后期的运营和管理应该有一系列的帮扶计划和管理，让社会资本能在这个行业里站住脚跟。

3. 生产者（民营机构、市场）：资金筹集渠道窄、缺乏专业管理技能

就目前的调查，笔者通过对养老院负责人的访问咨询了解到，目前养老院遇到的两大难题便是资金来源渠道范围窄、机构管理水平总体较差的问题。关于资金来源主要是个人投资和住院收费，但是收费面对的问题就是入住年份久的老人费用难提高，随着时间的推移，老人身体机能衰退、被护理程度加深，费用却停滞在初入院状态，难提高，对于养老机构来说是不合理的，政府可以介入，提供一些费用补助给入住三年或以上的老人，以减轻机构和老人家庭的负担。缺乏专业的管理人员是机构面临的另一问题即管理存在缺陷，机构就难以实现有序良好长远的发展，以入住率的问题为例，管理宣传不到位，往往会出现较高的空床率。养老机构在进行公建民营的模式后，福利性和营利性两者该如何平衡，从资金的缺乏，到价位的制定，再到养老服务的水平质量，这几者之间相关联、相互影响。

4. 消费者：老人需求缺乏回应性

成本压制与服务质量之间出现矛盾的原因之一是老人的意见难落实，处于被动接受的状态。无意识痴呆老人的服务满意程度难以反馈，出现从沟通、传达到改进的盲区。很多老人因为痴呆或失能不能自理，语言表达能力以及逻辑思维能力退化缺失，从而在住院过程中，无法对接受的护理条件进行准确的评价和意见反馈。无法和子女沟通表达，也没办法同养老院相关人员提意见，很多时候也只能被迫接受养老院的护理照料条件。老人入住养老院自然是希望可以得到质量高服务优的养老服务，但是许多的养老机构并没有太重视老人们的看法，他们所反映的问题被院方置之不理，得不到及时反馈的问题被压制，老人们也渐渐失去结果反馈的积极诉求，接受现状成了大多问题的处理结果。

第四章　民办养老机构服务资源配置的案例分析

　　民办养老机构是养老服务供给的一个重要主体，作为养老服务供给不可或缺的一部分，一部分民办养老机构为老年人特别是贫困老年人提供了较为"廉价"的机构养老服务，但由于这些养老机构资源配置水平较低，力量较弱，存在着诸如资本运作困难，政策落实不到位，服务水平低，缺乏专业的管理人才等问题。分析民办养老机构的资源配置结构，探寻优化路径，解决小型民办养老机构发展瓶颈，对完善机构养老服务有着很好的实践意义。

　　本章通过实地调研，选取广西某地民办养老机构作为分析案例，剖析民办养老机构资源配置特征及其困境，运用理论与数据模型，找出优化资源配置的路径，从而切实提升民办养老机构的供给水平。

第一节　民办养老机构服务资源配置现状

　　南宁市作为广西的首府，最早的民办养老机构为开设于 1991 年的青秀区福利敬老院，敬老院现有 56 张床位。南宁市的民办养老机构是随着 21 世纪的社会福利社会化的发展开始发展起来的，加上这些年国家的政策支持，各类养老机构都取得了良好的发展，截至 2015 年的数据统计显示，目前南宁市的养老机构共有 876 个，其中包括公办养老机构 14 家，乡镇养老机构 106 家，五保村 667 家，民办养老机构 49 家。全市共有 19847 张床位，民办养老院有 6192 张床位，约占 1/3，即有 1/3 的床位是民办养老机构提供的。

养老机构民营化有两种形式：第一种是替代，即重新发挥社会传统社会重新组织作用；第二种是授权，即与非营利组织或私营企业签订合同，政府将服务进行外包（萨瓦斯，2001）。Guo KL 和 McGee 从美国社会保障法、老年人医疗保险和贫民医疗救助保险立项、1987 年综合预算协调法案等养老相关法案设立的角度提出了法律法规对于养老机构发展的重要性，并设立了照护标准、处罚办法及补救措施，并提供了居民评估工具（Guo KL、McGee D，2012）。杨团（2011）把民办养老机构称为第四方，认为它能够弥补"市场失灵"和"政府失灵"的不足之处，是中国未来养老服务发展的重要方向，是解决老有所养的重要途径。周清（2011）认为，要实现福利社会化的目标，关键在于鼓励民办养老机构的发展。发展民办养老机构，既可以养老服务的供给，又能通过引入市场机制，提高供给效率。

一、选取的民办养老机构案例基本情况

（一）案例选取

本次调研选取了广西宾阳春芳养老机构，春芳养老院于 2007 年 6 月成立，是宾阳县首家经县民政局备案批准成立的民营养老院。这所机构开设在县城接近城郊的地方，收费低廉，服务简单，面向附近村子、城镇收入较低的老年人，入住率超过 1/3，主要依靠社会组织投资运营，自开办以来，财务状态处于亏损或勉强持平的困境，在民办养老机构中具有一定的代表性。

机构在筹建初期共投入 80 万元，占地面积 2666.6 平方米，建筑面积 1200 平方米，均为平房，设置床位大约 100 张，房间有多种房型可供选择。室内配备有简单的家电以及生活用品。机构设有花园、食堂、值班室、活动室、健身房、医疗室、老人活动室，但都相对简陋。春芳养老院目前入住人数为 23 人，床位数为约 100 张，入住率为 40% ~ 50%，长期居住率为 10% ~ 30%。员工 8 人，其中，管理人员 1 人，护理员 7 人，护理人员均未接受过专业的护理培训（见表 4 - 1）。

从资本运作情况来看，公办养老机构与公建民营养老机构由于得到了政府的支持与帮助，初期的资金投入可以选择更好的护理人员或将养老机构的环境建设得更好，提供更好的服务质量和改善养老机构现有的环境，民办养老机构则要用有限的资金建设养老机构，资金压力比较大。春芳养老机构入住率仅为 40% ~

50%，长期居住的老人比例也仅有10%～30%，导致了机构自身无法获得良好的收益效果，也无法形成良性的资金流动，这也体现出了机构自身大部分资源没有得到合理利用，造成了资源浪费的现象。从服务质量来看，公建公办养老机构与公建民营养老机构的护理人员的基本职业素质也相对要求高，要求上岗的护理人员有护理证书或具有能力参与护理考试的人员，而民办养老机构由于受到资金的限制，招收的护理人员专业性相对较低，可以"无证上岗"。

表4-1　春芳养老机构基本情况

机构类型	民办养老机构——宾阳春芳养老院
筹建初期投入资金（万元）	80
机构运作资金来源	收取入住费用、社会捐款、个人投资
资金运作状况	亏损
床位数（张）	51～100
入住率（%）	40～50
在机构长期居住老人比例（%）	10～30
护理人员人数（人）	7
是否享有床位补助	尚未拿到
是否有护理证书	无

（二）分析思路

通过以下方法收集整理数据，对案例数据进行对比分析，分析春芳养老院的基础设施配置、护理人员配置结构、服务项目、收费情况等方面，找出民办养老机构在资源配置上的不合理，从而找出解决方法。

实地调研法：通过走访具有典型代表的不同类型的养老院，通过对养老机构管理人员、护工、入住老人进行调查，获得真实资料进行整理分析，寻找广西小型民办机构发展过程中存在的问题及应该如何改善提出建议。

案例分析法：选取典型小型民办养老机构——宾阳县春芳养老机构，根据实地调研所得数据，分析当前存在的问题，以及存在这些问题的原因，对这个机构进行深入的分析。

文献分析法：通过对相关论文、书籍、报刊等文献进行查找收集，了解目前广西小型民办养老机构研究现状，也通过政府公开网站收集数据进行整理分析，结合广西实际情况，从公共政策角度分析问题，让结果更具有现实意义。

二、春芳养老机构服务资源配置现状

（一）基础设施配置

宾阳县春芳养老院虽然也配备以上两所养老机构的所具有的基础设施，但因前期投入资本不够，故条件相对武鸣区社会福利院和宾阳县福康养老院较为简陋，床位、家具、运动器材较为陈旧，且房间内无独立卫生间，总体只能为老人提供最基础的生活服务。

（二）护理人员配置结构

通过调查发现，春芳养老院的护工几乎都不具有专业的护理资格证书，春芳民办养老机构护工大多来自周边村镇的无业妇女和社会义工，即便进行了岗前培训，仍旧无法完全掌握专业护理知识，也无法拿到国家要求的上岗资格证，对于身体状况不同的老人无法做到有针对性地照顾，也无法给老人提供康复类的服务，只能推着老人在院内散步晒太阳，只具备提供基础服务的条件，春芳养老院护理人员结构见表4－2。公建公办养老机构和公建民营养老机构当中护工均有正在准备专业护理考试的护工，可以为老人提供更好的服务，在春芳养老机构则无人拥有专业护理资格证书，护理人员普遍文化程度低，相对于其他两类养老机构来说，春芳养老机构的服务人员更缺乏专业性。因此，在价格相近的条件下，消费者则会更偏向选择公建公办养老机构和公建民营养老机构，春芳养老院这类的养老机构只能通过降低价格来吸引老年人入住，因为收费较低，又难以改善养老院养老服务水平。

小型民办养老机构更是新兴的养老产业，老人选择入住养老机构也是希望能得到更好的照顾。调研过程中发现，春芳养老机构的管理者管理经验不够丰富，且缺乏专业的管理知识。机构为了节约成本，招聘的护工多来自周边乡镇的农村妇女或社会上的爱心人士，护工在机构内也必须充当多面手，一人同时兼顾多个岗位。

表4-2　春芳养老院护理人员结构

机构名称	武鸣社会福利院	宾阳福康养老院	宾阳春芳养老院
护理人员人数	14 人	12 人	7 人
学历分布	中学或中专 12 人 小学及以下 1 人 护理专业 1 人	中学或中专 10 人	中学或中专 7 人
护理专业人数	1 人	0 人	0 人
年龄分布	30～50 岁 4 人 50 岁以上 10 人	30～50 岁 10 人 50 岁以上 2 人	30～50 岁 3 人 50 岁以上 4 人

（三）服务项目

春芳养老机构接收的老人均包括能自理、半自理、基本不能自理和完全不能自理的老人。入院前的申请流程为：申请入院—确认老人健康状况—确认护理级别—签订入住协议—缴费入住。养老机构为老人提供全天候的照顾服务，仅能照顾老人的基本日常起居与用餐服务，加上护工缺乏专业的护理技术，因此无法帮助老人进行复健运动。机构内虽设有娱乐活动室与阅读室，但娱乐活动时设备陈旧，存在安全隐患。机构内同时缺少娱乐活动，老人的日常生活相对较为单调。但对于患有部分疾病的老人，护工会积极与老人进行沟通，开导老人，给老人树立应对疾病风险的信心。

（四）收费情况

无论是公建公办养老机构、公建民营养老机构和民办养老机构，收费标准根据老人入院前的身体健康状况评估结果所决定，护理等级分为介助护理、一级护理、二级护理、三级护理、特级护理。费用包括：床位费、护理费、伙食费等基础服务费用。公建公办养老机构和公建民营养老机构收费标准（每月养老费平均支出）为：自理老人1500 元/人/月，半失能老人1700～2000 元/人/月，全失能老人2000 元/人/月。民办养老机构收费标准（每月养老费平均支出）为：自理老人1300～1500 元/人/月，半失能老人1500～1700 元/人/月，全失能老人2200～2800 元/人/月。在春芳养老院，大部分半失能老年人支付的费用低于1500 元/月，全失能老年人低于2000 元/月。收费在养老机构中处于较为低廉的水平。

第二节　民办养老机构资源配置存在的问题分析

一、机构设置水平低

（一）基础设施投入太低

大部分民办机构受到经营者资金投入限制，在有限的资本里要购置齐全的设施，机构也只能"勒紧裤腰带"进行采购，因而在硬件设施方面只能退而求其次。更加无法在医疗设施方面进行更多的投入，给老人提供更便利更安全的生活环境。春芳养老院房间设计较为紧凑，老人居住地为 20 世纪七八十年代的平房设计，房间走廊地板铺设瓷砖缺少防滑设计，在气候潮湿条件下老人容易发生安全事故。房间内的家具和床等设施都是使用较久的物品，无法及时进行更新换代，也无独立卫生间，无形增加了老人生活的不便。活动室内的运动器材也无法完全达到老人使用的标准，在老人活动时容易发生危险事故。

（二）服务项目单一，缺乏医养护理项目

大多数的民办养老机构特别是小型民办养老机构[①]，向老年人提供的养老服务项目较为单一，不能照顾到各个需求层次的老人群体。老人除需要受到日常生活的照料外，也渴望获得医疗康复方面的服务。老人随着年龄的增长，身体机能开始逐渐下降，往往会伴随疾病的出现，那么医护服务就显得尤为必需，医护服务可以给老人提供保健康复、疾病预防、疾病治疗等服务，医护服务是满足日常需求之外的另一重保障。相比之下，另外两类的养老机构，得到更多的政府支持，有条件开展新的服务项目，如福康养老院与邻近医院合作，积极探寻医养结合的新的养老模式，武鸣区社会福利院设有专业的医护人员在院值班，可以给老人提供基本的医疗救治、康复类的服务。在老人入住养老院时，老人的子女也会考虑突发疾病需要就医时是否能得到及时的医治也成为了重要的考虑因素。春芳

---

① 床位数小于 50 张。

养老院提供的单一的服务项目，只能为老人提供一些简单的服务如清洁服务，饮食服务等，缺乏对适龄老人的吸引力，难以形成特色效应。在机构内缺乏医疗条件的情况下，春芳养老机构本身地理位置也相对偏僻，附近也缺乏大型医疗机构，面对突发情况，无法保证老人在第一时间得到及时救助。

目前，广西民办养老机构能做到医养结合的养老机构少之又少，春芳养老机构更是无法提供此类服务。调查发现养老机构配备医护服务项目更受到老人的青睐，对养老机构的满意度更高。是否提供医护服务也成为更多人选择养老机构的参考条件，子女们也希望老人在养老机构得到更全面的照顾，不仅仅只满足于日常照料，更希望在发生疾病时老人能第一时间得到救助，因此具备提供医护服务条件的养老机构能提高自身经营竞争力。

（三）缺乏专业护理人员

春芳养老院护工普遍反映工作压力大且工资收入低，人员流动性较大，机构招聘护工困难，机构只能招聘周边农村闲置劳动力，且年龄普遍较大，缺乏专业的护理训练。另外养老院缺乏专业的管理人员，员工身兼数职，既是管理人员，也是护理人员，机构以"亚健康"的状态运营，长此以往形成非良性循环，机构难以维持财务平衡，也难以给护工开展定期的培训。缺乏专业的护理技术，决定了养老机构无法提供专业化的照顾，机构也更难形成规模化和专业化的管理，形成恶性循环，最终限制了机构自身的发展。

二、政府扶持力度不足，对机构发展的激励促进作用小

2017年，广西财政共筹集2.36亿元用于支持养老服务体系的建设。第一次筹集2.17亿元资金，重点支持"1521"工程、乡镇敬老院、老年公寓、社区居家养老服务中心等养老机构基础设施建设；第二次筹集0.19亿元资金用于提高民办养老机构补贴标准。为了大力推进民办养老机构的发展，自治区进一步调整完善民办养老服务机构运营补贴制度的标准，将民办养老机构新增床位补贴由以前的1000~3000元/张元提高到3000~5000元/张，并按照每人每月60~160元的标准对民办养老机构收养失能老人予以补贴，从政策、资金上支持构建家庭为基础、社区为依托、机构为补充、医养相结合的养老服务体系，更好满足老年人养老服务需求。

虽然政府制定了有关的扶持政策，但实际落实却很难。首先，多数民办机构难拿以到政府的补贴，也难以获得水电等日常费用的优惠政策，难以对机构发展发挥激励促进作用；其次，政府对公办养老机构与小型民办养老机构的支持力度也存在差异，导致出现了政策出台快，但政策落实时间长，政策落实难的问题，这些都限制了民办机构的发展。

第三节　本章小结

　　本章对城镇养老机构服务资源配置现状及问题进行了分析。对公办养老机构、公建民营养老机构、民办养老机构，分别从基础设施配置、财务状况、人力资源配置、医护资源配置、公共政策扶持力度等有形、无形资源配置进行了对比分析。本书认为，城镇养老机构服务资源存在如下问题：公办养老机构总体水平较高，但与公建民营养老机构一样，存在护理资源较弱、综合水平有待提高的问题；部分公建民营养老机构护理人员缺乏、设施设备难以满足老年人养老服务需求、入住率较低等问题，民办养老机构处于最弱势状态，服务水平较低，基础配备落后，缺乏专业人才。民办养老机构集中收养了经济能力较差、失能程度较高的老年人群体，针对存在问题，提出建议：积极引进专业人才；开展多元化养老服务；建立科学的人才培养体系；加大对民办养老机构资金和政策支持；促进养老机构规范化管理等政策建议。

第五章　城镇机构养老服务资源
配置效果分析

　　本章主要基于人口老龄化与公共养老服务资源配置不均的双重背景下，研究城镇养老机构服务资源配置及利用效果问题，首先，从理论和实证两方面进行研究，梳理养老服务资源配置内涵和外延，其次，分析资源分配和利用的理论实质、逻辑，利用实证数据评估机构养老服务资源的供给路径、分配和利用，总结广西机构养老服务资源利用的机制性障碍及其存在的政策问题，最后，在比较、借鉴国内外经验的基础上，结合广西区情，提出广西机构养老服务资源利用机制创新与政策优化的路径。

第一节　养老服务资源配置及利用效果理论基础

　　国外对公共养老服务资源配置及利用效果的研究一直伴随着公共养老服务资源的配置而进行。Mooney（1986）认为，政策目标研究要指向资源配置的公平性和平等。穷人和富人之间的这种不平等反映的是约束条件的不同，而不是偏好的不同（Le Grand，1987a；Alleyen，2000；Evans，2001）。Stephen（2005）认为，同等需要应该得到同等照顾，而实际上，因为身体状况、收入等因素导致了同等需要的个体得到了不同的医疗及照顾。极差法、基尼系数法、差异法、集中系数等研究工具被广泛应用于对医疗卫生服务领域研究中。Van Doorslaser（1997）利用自评健康、集中系数法对九个国家的健康不平等进行了分析，占优的集中系数表明，国家间的不平等状况有所不同，但都存在亲富人的政策不平等。在公共医疗卫生资源利用上，Lairson（1995）对澳大利亚进行了不均等分析表明，在需要给定的情况下，富人的住院服务利用远多于穷人。多项研究试图对不平等根源进行寻找，Van Doorslase（2000，2004，2008）指出，健康资源利用不平等与区域、收入密切相关，政策未能提供一致的约束条件。

国内对医疗卫生服务利用不平等的研究起步较晚，有关重要研究包括：刘宝（2003）应用健康自评数据测试了上海市四区县的健康集中指数，表明在样本地区存在与收入相关的健康不平等；胡琳琳（2005）利用大数据，计算我国各样本县区的健康集中指数发现，我国的健康不平等程度处于较高的水平，从地区比较来看，各地区的健康不平等程度存在较大差异。解垩（2009）利用大型（CHNS）数据，检验中国医疗卫生领域与"水平公平"的偏离程度提出，中国老年人在社会照料和医疗服务使用中都存在亲富人的不均等性，社会照料比医疗服务不均等程度更大，城乡分布和收入水平可以解释两个领域中的大部分不均等。

以上研究多基于收入视角对医疗卫生利用的不平等现象进行测量，并试图给出根源解释，区域分布和收入差异成为最主要的解释因素。这些文献成果对公共养老服务研究提供了参考。近年来，国内学界公共养老服务的研究主要是基于社会福利理论、公共政策理论框架下的研究，总体来看，国内关于公共养老服务资源配置和利用文献仍较少，主要集中在以下两方面：①偏重养老服务资源在人群中分配的研究。马玉娜（2018）的研究以机构养老为例，通过分析"空间—制度"的互动，提出对养老福利资源进行重新配置，以达到资源的区域公平分配目标；包先康（2017）指出，以建构多元主体的协同性认知，实现对多元主体力量的有效整合，建构农村养老服务协同供给模式，实现养老服务资源对农村人群的覆盖。②偏重对社会医疗保险利用的研究。这些研究主要基于医疗资源的分布和医疗保险利用等视角，对医疗卫生资源在不同人群中的分布进行研究。例如，成杰等（2015）基于城乡基层卫生服务机构对老年人卫生服务项目的开展现状，分析老年人对卫生服务利用情况及影响因素；胡宏伟（2017）基于大型调研数据，分析社会医疗保险对老年人卫生服务利用的影响。

从以上研究动态看，现有研究主要集中于养老服务资源的供给上，缺乏对养老服务资源的配置和利用研究；多项研究对医疗卫生服务利用进行了测量。这些研究中仍缺乏对养老服务资源配置的内涵和外延的清晰界定和明确，进而对养老服务资源利用的内在逻辑、形式解释不足，也就无法回答现有的养老服务资源配置机制是否影响了老年人对服务的有效利用？如何进一步改进？此外，研究多集中在东部沿海地区，集中在某一行为选择的测量上，没有构建整体分析框架，也缺乏对经济欠发达地区养老服务资源分配和利用进行深入的研究。

　　基于上述分析，本章内容立足于广西养老机构资源配置及利用效果分析，尝试找出养老服务资源配置的内涵、特征、结构，以及老年人对机构养老服务的利用效果进行分析，对其内在逻辑、形式进行解释，回答现有的养老服务资源配置机制是否影响了老年人对服务的有效利用，从而找出解决的方法路径。

第二节　基于 PSR 模型的机构养老服务供给评价指标体系构建及分析

　　本章以广西养老机构服务调查数据为例，基于 PSR "压力—状态—响应" 框架模型，构建养老机构服务供给评价的指标体系，从人口结构、老年人入院偏好与行为，养老机构服务供给资源结构现状，社会及公共政策回应三方面入手，考察这些因素对养老机构服务供给的影响效果，从养老机构服务资源配置结构上找出目前制约养老机构服务供给的症结所在。对养老机构服务供给影响因素进行分析。结果表明：养老机构服务供给资源结构现状对养老机构服务供给影响最大，影响权重为 0.432；人口结构、老年人入院偏好与行为影响其次，影响权重为 0.336；社会及公共政策现状影响最小，影响权重为 0.232。在养老机构服务供给中，不仅要重视传统的老龄人口结构、公共政策支持等因素，还要关注养老机构自身的发展，机构自身的发展和服务水平已成为影响养老机构服务供给最关键的因素。

一、研究方法与研究设计

　　"PSR（Pressure – State – Response）框架模型"，也称 "压力—状态—响应" 框架模型，最早是经济合作组织（OECD）为评价世界环境状况提出的评价模式。[1] 这一理论模型的初衷是解决由于人类活动过于频繁而导致资源环境枯竭的

---

　　[1] 褚大建等. 政策分析新模式［M］. 上海：同济大学出版社，2014.

可持续发展问题，通过构建一系列指标来分析经济社会发展和生态环境之间的关系，评价环境可持续发展的水平和能力，再根据结果选择理性开发资源环境的模式。PSR 模型包含三类指标：压力指标（P）、状态指标（S）和响应指标（R），分别对应着资源环境承受的压力（P）、现有的资源环境状态（S）、在压力和状态反应下重新调整的政策选择（R），围绕这三大类指标设置分级指标，通过指标分析来反映环境对经济社会发展的弹性反应的能力，从而提出资源环境可持续性发展的路径。这一模型本质上是遵循因果关系的分析思路，即"缺陷—现状—政策如何解决问题"，这一模型过程与公共政策分析过程一致，即"存在的问题—政策如何解决"的分析路径，在压力指标（P）上，呈现现有的问题、矛盾，如需求过度或不足等；在状态指标（S）上，对存量、现有的状态进行总结，如资源量、结构等；在响应指标（R）上，对上述现状问题进行回应，如社会反应、制度安排、决策选择、监督管理等。本章借助这一模型，选取一部分养老机构、已入住养老机构的老年人作为分析样本，选择老年人身体状况、满意度评价、公共政策回应等因素，找出养老机构服务资源配置结构特征，分析资源配置结构如何影响机构养老服务的供给及利用效果。其中，压力（P）指标说明人口结构与老年人选择行为给养老机构服务供给带来的影响；状态（S）指标说明由于养老机构服务供给现状对供给产生的影响；响应（R）指标反映社会及政府为解决养老机构服务供给困境所采取的对策反应。

如图 5-1 所示，在养老机构服务供给的 PSR 模型中，P 代表人口结构、老年人入院偏好与行为；S 代表养老机构服务资源供给结构；R 代表社会和公共政策反应、措施等。

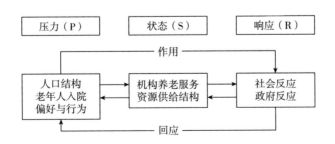

图 5-1　养老机构服务供给 PSR 模型结构

二、机构养老服务供给的 PSR 模型指标体系构建

(一) 数据来源及样本描述

1. 数据来源

本书所采用的数据来自 2016 年 1～5 月在广西南宁市养老机构进行的抽样调查。通过制定《南宁市养老机构服务供给》问卷对养老机构住院老年人及机构管理人员进行调查，来获取相关信息。对于部分无法交流的老年人，通过提供照护的医生、护理人员及其家属获取问卷答案，以预约访谈、电子邮件、电话等形式进行交流，其余老年人及机构管理人员采取面对面问卷回答形式，以及结合医护人员掌握的健康信息、管理信息进行答案收集。其中，对入院老年人总共发放了 330 份问卷，有效问卷 302 份，问卷率 91.5%；到访的机构数为 9 家，总共发放了 9 份问卷，有效问卷 9 份，问卷率 100%。

2. 样本分布

(1) 机构分布。依据南宁市民政局提供的数据选取样本。2014 年，南宁市各类养老机构有 990 个 (含在南宁市区的自治区公办机构和在自治区登记注册的养老机构 2 家)，其中，国办福利机构 12 个、光荣院 7 家、集体办敬老院 108 个、农村五保村 818 个、民办养老机构 45 个；全市共有床位 17021 张，其中，国办福利院有老年床位 2205 张、集体办乡镇敬老院和五保村有床位 9101 张 (乡镇敬老院 2617 张、五保村 6484 张)，光荣院 157 张、民办养老机构有床位 5558 张，全市各类养老机构床位与全市老年人口之比为 15.7∶1000。本章的研究对象为提供专业护理服务、全日护理的养老机构，因此样本中剔除掉五保村、光荣院、集体办敬老院，进入本研究范围的养老机构总共 57 家，床位数为 7763 张。根据城区分布、机构类别 (公办、公私合营、民办)、机构规模、机构档次、收住老年人类型五大维度进行抽样，采取分层抽样的方法，总共抽出 9 家养老机构，覆盖西乡塘区、良庆区、兴宁区、青秀区四大城区，由于西乡塘区是老城区，养老机构及老年人口均较集中，因此，西乡塘区抽取的机构数为 5 家。机构规模按床位数确定，床位数 0～100 张为小型养老机构，床位数 100～200 张为中型养老机构，床位数 200～300 张为中大型养老机构，床位数 300 张以上为大型养老机构。具体分布如表 5 - 1 所示：

表 5 - 1　样本中选取的养老机构的特征分布　　　　单位：个，人

城区分布	机构个数	老年人样本数	机构类别	机构规模	收住老年人类型
西乡塘区	5	154	公办/民办	中/小	自理/半自理/失能
良庆区	1	72	公私合营	大	自理/半自理/失能
兴宁区	2	40	公私合营/民办	中/小	自理/半自理/失能
青秀区	1	36	民办	中	自理/半自理/失能

（2）老年人分布。依据养老机构提供的老年人基本信息，包括性别、年龄、护理信息、健康评估等状况，确定总体抽样框，再遵循分层抽样的原则，按比例抽取本研究所需的样本。从年龄层面，包括了 70 岁以上的各个阶段；从护理信息、健康评估层面，包括了自理、半自理、失能、失智老年人。每个机构抽取的样本按照该机构的总人数、老年人基本信息类别，按比例抽取。

（二）模型指标构建思路

根据 PSR 模型的作用机制和研究思路，本章选取上述调研数据，构建了一个包括 1 个目标层（养老机构服务供给），3 个准则层：压力（P）、状态（S）、响应（P），5 个要素层：人口结构、老年人入住偏好和行为、养老机构服务资源结构、社会和政府反应，并对应着要素层确定老年人基本信息、机构信息等 31 个指标层（见表 5 - 2）。

一是压力（P）层。主要表现为养老机构服务供给中承受的压力，是负向指标，即该指标越大，压力越大。依据老年人入住机构的影响因素，分两类指标：第一是人口结构，主要表现为年龄、健康状况、老年人支付能力、居住情况等因素，年龄为 70 岁以上老年人；健康状况参考 ADL 健康指标，从日常生活能力、精神状态、感知觉与沟通四个维度对老年人的健康状况进行评估，综合打分；支付能力从老年人养老金、子女赡养费两个指标考察；居住情况由子女个数和入住养老机构的原因两个指标来体现。第二是入院老年人的选择偏好与行为，他们选择入住何种类型机构、希望获得何种服务、注重养老机构是否开通医保结算功能等个人偏好与行为，均对养老机构服务供给产生压力。该类指标对养老机构服务供给起负面作用，指标越大，表明对养老机构服务供给产生的压力越大。

表 5 - 2   养老机构服务供给指标评价体系

目标层	准则层	要素层	指标层
机构养老服务供给	压力	人口与养老特征	年龄≥70
			健康状况
			退休前职业
			婚姻状态
			养老金
			子女赡养费
			子女个数
			住院原因
		老年人入院偏好与行为	倾向于公办或民办机构
			平均住院时间
			选择入院的原因
			入院是否需要排队
			养老机构每月平均支出
			是否开通医保结算服务
	状态	养老机构服务资源结构	机构属性
			地理位置
			机构类型
			机构床位数
			机构入住率
			住 3 年以上老人占比
			机构接纳的老人类型
			机构资金来源
			机构盈亏情况
			设施完备情况
			工作人员稳定性情况
	响应	社会反应	老人对养老机构满意度
			老人对养老机构生活的满意度
			社会对机构的改进建议
		政府反应	政府对机构的支持形式
			政府关注程度
			政府床位补贴力度

二是状态（S）层。主要表现为养老机构服务资源结构，包括机构的属性、地理位置、机构类型、机构规模、床位数、运营、设备、人员稳定性等因素。其中，机构属性依据资金来源及体制分类，分为公办、公私合营、民办三种属性；机构性质包括老年公寓、护理院、兼顾住养和医护机构三种类型；机构床位数、机构入住率、住 3 年以上老人占比反映了机构的床位数量及老年人入住情况；机构接纳的老人类型、机构资金来源、机构盈亏情况、设施完备情况、工作人员稳定性情况反映了机构运营现状，配套设备水平和管理水平等；这些指标对养老机构服务的供给起正向作用，指标越大，说明状态越好，供给能力越强。

　　三是响应（P）层。主要反映社会和政府对机构服务供给所作出的回应。社会反应指标层由老年人对养老机构满意度、老年人对养老机构生活的满意度、社会对机构的改进建议三个三级指标构成。其中，由于部分老年人卧床，这部分老年人对养老机构满意度的测评问卷主要由其近亲属代填，对养老机构的满意度代表入院老年人或其近亲属对养老机构的硬件设施的满意度，由绿化环境、配套设施、医疗保健、护理服务等内容构成。对养老机构生活的满意度代表入院老年人或其近亲属对养老机构的软环境的满意度，由养老机构的制度管理、人际关系等方面的内容构成。这三个指标综合体现了社会对养老机构的评价及期望改进的方向；政府反应指标层包括政府对机构的支持形式、政府对机构的关注程度、政府床位补贴力度三方面，体现了公共政策对养老机构的支持形式及力度。这些指标的数据越大，越有利于促进养老机构服务的供给。

（三）指标权重解释与计算过程

　　指标的权重反映了在相同目标的约束下，各指标间的相对重要性关系。[①] 本书利用问卷中各指标的评价结果进行定量统计分析，运用层次分析法，利用"1～9 比例标度法"分层次地对同一层次上的各指标的重要性进行两两比较，构成判断矩阵，进而计算出指标权重，并进行一致性检验，最后得出各指标在总体中的相对重要性程度，具体计算过程和解释结果如下：

　　1. 构建判断矩阵

　　利用"1～9 比例标度法"分层次地对同一层次上的各指标的重要性进行两两比较，构成判断矩阵。如：两者同等重要则都取 1；若前者比后者稍微重要则

　　① 李子奈等. 计量经济学（第二版）［M］. 北京：高等教育出版社，2009，8：19.

前者取 3，后者取 1/3；若前者比后者明显重要则前者取 5，后者取 1/5；若前者比后者强烈重要则前者取 7，后者取 1/7；若前者比后者绝对重要则前者取 9，后者取 1/9；介于它们之间则分别取值为 2、4、6、8 及它们的倒数。

"人口与养老特征"指标所对应的判断矩阵如表 5 - 3 所示。

表 5 - 3 "人口与养老特征"指标判断矩阵

	1	2	3	4	5	6	7	8
年龄≥70	1	8/9	8/2	8/4	8/6	8/7	8/7	8/5
健康状况	9/8	1	9/2	9/3	9/6	9/7	9/7	9/5
退休前职业	2/8	2/9	1	2/4	2/6	2/7	2/7	2/5
婚姻状态	4/8	3/9	4/2	1	4/6	4/7	4/7	4/5
退休金	6/8	6/9	6/2	6/4	1	6/7	6/7	6/5
子女赡养费	7/8	7/9	7/2	7/4	7/6	1	7/6	7/5
子女个数	7/8	7/9	7/2	7/4	7/6	6/7	1	7/5
入住养老机构原因	5/8	5/9	5/2	5/4	5/6	5/7	5/7	1

2. 矩阵一致性检验及指标权重的确定

在 matlab 的命令窗口输入矩阵 A 和 [Ya, Da] = eig（A），根据计算结果我们从矩阵 Ya 选取同正或同负的列作为"人口与养老特征"指标的权重，显然，

在这里我们选择 $\begin{bmatrix} 0.4405 \\ 0.5155 \\ 0.1101 \\ 0.2131 \\ 0.3303 \\ 0.3933 \\ 0.3784 \\ 0.2753 \end{bmatrix}$，将其归一化得所求权重 $\begin{bmatrix} 0.166 \\ 0.194 \\ 0.042 \\ 0.080 \\ 0.124 \\ 0.148 \\ 0.142 \\ 0.104 \end{bmatrix}$。从矩阵 Da 中得到最

大特征值为：λ_{max}（A）= 8.0100，判断一致性指标 $CR = \dfrac{CI}{RI} = \dfrac{\lambda_{max}（A）- n}{n-1} \div RI$

是否小于 0.1，计算 $CI = \dfrac{8.0100 - 8}{8 - 1} = 0.0014$，查表可得 RI = 1.41，即 CR =

$\dfrac{0.0100}{1.41} = 0.0010 < 0.1$，故通过一致性检验。因此求得"人口与养老特征"指标

的权重为
$\begin{bmatrix} 0.166 \\ 0.194 \\ 0.042 \\ 0.080 \\ 0.124 \\ 0.148 \\ 0.142 \\ 0.140 \end{bmatrix}$。

3. 其他指标的权重分布

"老年人入院偏好与行为"指标所对应的判断矩阵，如表 5-4 所示。

表 5-4　"老年人入院偏好与行为"指标判断矩阵

	9	10	11	12	13	14
倾向于公办或民办机构	1	6/5	6/3	6/7	4/9	6/8
平均住院时间	5/6	1	5/3	5/7	5/9	3/8
选择入院的原因	3/6	3/5	1	3/7	3/9	3/8
入院是否需要排队	7/6	7/5	7/3	1	7/9	7/8
养老机构每月平均支出	9/4	9/5	9/3	9/7	1	9/8
是否开通医保结算服务	8/6	8/3	8/3	8/7	8/9	1
权重	0.146	0.120	0.077	0.180	0.250	0.227

注：$\lambda_{max} = 6.0477$；CI $= 0.0095$；RI $= 1.24$；CR $= 0.0077 < 0.1$；符合一致性要求。

我们计算可得"老年人入院偏好与行为"指标的权重为
$\begin{bmatrix} 0.146 \\ 0.120 \\ 0.077 \\ 0.180 \\ 0.250 \\ 0.227 \end{bmatrix}$。

"养老机构服务资源结构"指标所对应的判断矩阵，如表 5-5 所示。

表 5 – 5　"养老机构服务资源结构"指标判断矩阵

	15	16	17	18	19	20	21	22	23	24	25
机构属性	1	4/6	4/4	4/9	4/9	4/2	4/5	4/3	4/8	4/8	4/7
地理位置	6/4	1	6/4	5/9	5/9	6/2	6/5	6/3	6/8	6/8	6/7
机构类型	4/4	4/6	1	4/9	4/9	4/2	4/5	4/3	4/8	4/8	4/7
机构床位数	9/4	9/5	9/4	1	9/9	9/2	9/5	9/3	9/8	9/8	9/7
机构入住率	9/4	9/5	9/4	9/9	1	9/2	9/5	9/3	9/8	9/8	9/7
住 3 年以上老人占比	2/4	2/6	2/4	2/9	2/9	1	2/5	2/3	2/8	2/8	2/7
机构接纳的老人类型	5/4	5/6	5/4	5/9	5/9	5/2	1	5/3	5/8	5/8	5/7
机构资金来源	3/4	3/6	3/4	3/9	3/9	3/2	3/5	1	3/8	3/8	3/7
机构盈亏情况	8/4	8/6	8/4	8/9	8/9	8/2	8/5	8/3	1	8/8	8/7
设施完备情况	8/4	8/6	8/4	8/9	8/9	8/2	8/5	8/3	8/8	1	8/6
工作人员稳定性情况	7/4	7/6	7/4	7/9	7/9	7/2	7/5	7/3	7/8	6/8	1
权重	0.061	0.089	0.061	0.141	0.141	0.031	0.077	0.046	0.123	0.125	0.106

注：$\lambda_{max} = 11.0062$；$CI = 0.0006$；$RI = 1.49$；$CR = 0.0004 < 0.1$；符合一致性要求。

我们计算可得"养老机构服务资源结构"指标的权重为 $\begin{bmatrix} 0.061 \\ 0.089 \\ 0.061 \\ 0.141 \\ 0.141 \\ 0.031 \\ 0.077 \\ 0.046 \\ 0.123 \\ 0.125 \\ 0.106 \end{bmatrix}$。

"社会反应"指标所对应的判断矩阵，如表 5 – 6 所示。

表 5 - 6　"社会反应"指标判断矩阵

	26	27	28
老人对养老机构满意度	1	7/9	7/5
老人对养老机构生活的满意度	9/7	1	8/4
社会对机构的改进建议	5/7	4/8	1
权重	0.331	0.441	0.228

注：$\lambda_{max} = 3.0012$；$CI = 0.0006$；$RI = 0.58$；$CR = 0.0010 < 0.1$；符合一致性要求。

我们计算可得"社会反应"指标的权重为 $\begin{bmatrix} 0.331 \\ 0.441 \\ 0.228 \end{bmatrix}$。

"政府反应"指标所对应的判断矩阵，如表 5 - 7 所示。

表 5 - 7　"政府反应"指标判断矩阵

	29	30	31
政府对机构的支持形式	1	8/6	8/9
政府关注程度	6/8	1	5/9
政府床位补贴力度	9/8	9/5	1
权重	0.345	0.243	0.412

注：$\lambda_{max} = 3.0037$；$CI = 0.0019$；$RI = 0.58$；$CR = 0.0032 < 0.1$；符合一致性要求。

我们计算可得"政府反应"指标的权重为 $\begin{bmatrix} 0.345 \\ 0.243 \\ 0.412 \end{bmatrix}$。

"压力"指标所对应的判断矩阵，如表 5 - 8 所示。

表 5 - 8　"压力"指标判断矩阵

	人口与养老特征	老年人入院偏好与行为
人口与养老特征	1	6/8
老年人入院偏好与行为	8/6	1
权重	0.429	0.571

注：$\lambda_{max} = 2$；$CI = 0$；$CR = 0 < 0.1$；符合一致性要求。

我们计算可得"压力"指标的权重为 $\begin{bmatrix} 0.429 \\ 0.571 \end{bmatrix}$。

"响应"指标所对应的判断矩阵，如表5-9所示。

表5-9 "响应"指标判断矩阵

	社会反应	政府反应
社会反应	1	6/7
政府反应	7/6	1
权重	0.462	0.538

注：$\lambda_{max} = 2$；$CI = 0$；$CR = 0 < 0.1$；符合一致性要求。

我们计算可得"响应"指标的权重为 $\begin{bmatrix} 0.462 \\ 0.538 \end{bmatrix}$。

"养老机构服务供给"指标所对应的判断矩阵，如表5-10所示。

表5-10 "养老机构服务供给"指标判断矩阵

	A	B	C
A. 压力	1	6/8	6/4
B. 状态	8/6	1	9/5
C. 响应	4/6	5/9	1
权重	0.336	0.432	0.232

注：$\lambda_{max} = 3.0012$；$CI = 0.0006$；$RI = 0.58$；$CR = 0.0010 < 0.1$；符合一致性要求。

我们计算可得"养老机构服务供给"指标的权重为 $\begin{bmatrix} 0.336 \\ 0.432 \\ 0.232 \end{bmatrix}$。

4. 养老机构服务供给指标评价体系的权重分布及分析

根据上述的层次分析结果，可得养老机构服务供给各个评价指标的权重分布，如表5-11所示：

表 5 - 11　养老机构服务供给评价指标的权重分布

目标层	权重	准则层	权重	要素层	权重	指标层	权重	总体权重
机构养老服务供给	1	压力（P）	0.336	人口与养老特征	0.429	年龄≥70	0.166	0.0239
						健康状况	0.194	0.0280
						退休前职业	0.042	0.0061
						婚姻状态	0.080	0.0115
						养老金	0.124	0.0179
						子女赡养费	0.148	0.0213
						子女个数	0.142	0.0205
						住院原因	0.104	0.0150
				老年人入院偏好与行为	0.571	倾向于公办或民办机构	0.146	0.0280
						平均住院时间	0.120	0.0230
						选择入院的原因	0.077	0.0148
						入院是否需要排队	0.180	0.0345
						养老机构每月平均支出	0.250	0.0480
						是否开通医保结算服务	0.227	0.0436
		状态（S）	0.432	养老机构服务资源结构	1.000	机构属性	0.061	0.0264
						地理位置	0.089	0.0384
						机构类型	0.061	0.0264
						机构床位数	0.141	0.0609
						机构入住率	0.141	0.0609
						住 3 年以上老人占比	0.031	0.0134
						机构接纳的老人类型	0.077	0.0333
						机构资金来源	0.046	0.0199
						机构盈亏情况	0.123	0.0531
						设施完备情况	0.125	0.0540
						工作人员稳定性情况	0.106	0.0458
		响应（R）	0.232	社会反应	0.462	老人对养老机构满意度	0.331	0.0355
						老人对养老机构生活的满意度	0.441	0.0473
						社会对机构的改进建议	0.228	0.0244
				政府反应	0.538	政府对机构的支持形式	0.345	0.0431
						政府关注程度	0.243	0.0303
						政府床位补贴力度	0.412	0.0514

三、结果分析

（一）准则层权重值分析

通过分析，结果显示，压力（P）、状态（S）、响应（R）在养老机构服务供给评价指标的权重分布中的权重分别为0.336、0.432、0.232。状态指标层（S），该指标层二级指标为养老机构服务资源结构，这一指标层在三个指标层中权重最大，这表明，养老机构服务供给资源结构对养老机构服务供给的影响超过了人口结构和老年人的选择偏好、社会及公共政策的影响力。在养老机构服务资源结构指标层中，床位数、入住率、机构盈亏情况、设施完备情况、工作人员稳定性情况等指标是其中权重最高的指标。压力指标层（P），由于近年来，高龄、空巢及失能老年人的迅速增加，且受老年人选择机构的主观偏好因素影响，养老机构服务供给面临着较大的压力，该指标层对养老机构服务供给的影响仅次于养老机构服务资源结构，成为第二重要的影响因素；响应指标层（R），该指标层在养老机构服务供给指标体系中权重最低，意味着对养老机构服务供给的影响力较弱。受访的机构均表示，获得的政府支持政策支持较少，不少机构的用水用电仍按商业用水电进行收费，政府的资金资助以购买运动康复器材等形式补贴到养老机构，但部分机构的入住老年人大多数为全失能老年人，运动康复器材形同虚设，导致投入浪费。这表明，公共政策回应较弱，对养老机构服务供给形成不利的状态。

（二）分类指标权重分析

1. 压力（P）指标权重分析

老年人口与养老特征、老年人入院偏好与行为的权重值分别为压力权重的0.429、0.571。在指标权重得分中，老年人口与养老特征的年龄、健康状况指标总体权重为0.0239、0.0280。近年来，高龄、失能、空巢独居老人快速增加，这部分老年人正是入住养老机构的主要人群，对机构服务的需求呈快速增长之势，这些因素均对养老机构服务供给形成了压力。老年人入院偏好与行为指标层中，养老机构每月平均支出、养老机构是否开通医保结算服务指标权重最高，分别占0.250、0.227，样本显示，老年人在养老机构的消费区间主要集中在1800～3000元，也更倾向于选择已开通医保服务的养老机构，这些因素较大地影响了老年人对机构的选择。

2. 状态（S）指标权重分析

养老机构服务资源结构在总体权重中的权重值为 0.432。在指标权重得分中，机构床位数、机构入住率权重得分最高，均为 0.141，床位数与机构入住率是反映机构规模、实力是否为老年人及家属认可的指标，特别是机构入住率，成为影响养老机构服务供给的双向指标，入住率高意味着该机构受老年人认可，得到老年人的认可对养老机构服务的供给形成较好的激励作用；其次为机构盈亏情况、设施完备情况、工作人员稳定性情况，这些因素在养老机构服务的供给中影响较大，机构盈利能促进养老机构进入良好的发展循环，设施完备与工作人员稳定性情况，对机构的供给质量形成直接的影响，此外，从指标得分来看，入住率、设施完备与工作人员稳定性的影响力与床位数量一样，这意味着一味注重增加床位数，而不注重提高服务质量，难以对养老机构服务供给形成强有力的影响力；而机构属性、机构性质、机构资金来源权重得分较低，分别为 0.061、0.061、0.046，可见，在影响机构服务供给的因素中，床位数、入住率、服务质量、设施建设等因素，超过了机构性质和属性以及机构资金来源因素。一般而言，公办机构的资金来源主要是国家和集体，由于建设时间较早，且得益于政府的长期投入，医护人员较强大的专业性，公办性质的养老机构普遍条件更好，在定价上也遵循政府定价或政府指导价原则，相对于软硬件设施都较为薄弱，人员流动性更大的民办机构，公办机构更受老年人欢迎，这一结论已有不少研究证明。[①] 因此，公办机构更倾向于福利性质，即提供较好的服务，收费相对低廉，或者收住人群上更具有福利选择性质，但样本中老年人对养老机构的类型和属性选择并未体现样本差异，老年人更倾向于看重养老机构本身的因素，这与公办机构数量少，老年人较难进入有关，南宁市目前保留的大型公办机构只有 1 所，入住率在95% 以上，流动性的空床位稀少，大多数老年人都无法进入，因此，老年人选择的机构主要是民办机构，他们更期待的是机构的服务能达到他们的要求，而并不在于该机构是否是公办性质；机构性质分为护理院、养老公寓、医养结合三类，南宁市的养老机构普遍是医养结合的护理院，老年人在性质类型选择上没有差异

① 冯占联，詹合英，关信平，风笑天，刘畅，Vincent Mo. 中国城市养老机构的兴起：发展与公平问题［J］. 人口与发展，2012（6）：16 - 24；张翔等. 排队还是 "走后门" ——对一家公办养老机构低价床位实际分配规则的实证研究［J］. 第九届社会保障国际论坛摘要集，2013（8）.

性，因此，该指标在养老机构服务资源结构中权重得分不高。

3. 响应（R）指标分析

响应指标在总体权重中的权重值为 0.232。社会反应和政府反应分别占响应指标权重值的 0.462、0.538，在指标权重得分中，社会反应指标，老年人对养老机构生活的满意度、老年人对养老机构满意度两项指标得分较高，分别占 0.441、0.331，老年人对养老机构生活的满意度，主要由老年人对养老机构的生活节奏、照顾模式、老年人人际关系等各方面的主观判断形成；对养老机构的满意度主要由老年人对养老机构的配套建设、服务质量、机构管理、收费是否合理等各方面的主观判断形成，反映了老年人对养老机构服务供给的总体期望；政府对机构的支持形式、政府床位补贴力度两项指标权重得分较高，分别为 0.345、0.412，政府对机构的支持形式包括资金支持、人力物力支持、政策优惠、精神支持、无支持几个方面，政府支持的形式体现了对各种支持机构养老服务供给的重要性排序；政府床位补贴权重影响较高，这些补贴的意义在于帮助缓解民办非营利性养老机构发展初期一般投入较大，回报时间长，行业利润微薄的经营困境问题，对新建机构的床位进行一次性建设补贴和运营补贴，有利于缓解民办机构的资金和运营压力。

四、城镇机构养老服务资源配置结论及启示

本章通过借助 PSR 模型，构建了机构养老服务资源配置现状评估指标体系，研究结果显示，养老机构服务资源结构现状指标对养老机构服务供给影响最大，影响权重为 0.432；人口结构与老年人入院偏好与行为影响其次，影响权重为 0.336；社会及公共政策现状影响较小，影响权重为 0.232。这表明，在养老机构服务供给体系中，不仅要重视传统的老龄人口结构、公共政策支持等因素，还要关注养老机构自身资源配置结构，机构服务类型和水平已成为影响养老机构服务供给最关键的因素，其次是公共政策回应，积极的回应能有效提高该因素在养老机构服务供给中的影响权重。在养老机构服务供给的 PSR 模型评价指标体系中，尚有一些更细致的指标需要完善，如老年人的服务需求类型，公共政策在公办机构和民办机构的发展上的差异、扶持效应及其评价等方面，这也是本书进一步研究的方向。依据上述研究，要提高养老机构服务的供给水平，需从以下方面着手：

第一，细分老年人的养老机构服务需求，按需提供服务。高龄、失能老年人是入住养老机构的主要群体，对养老机构服务的需求呈快速上升的趋势，由于不同的身体健康状况及子女供养、支付能力、个体偏好等因素的差异，导致老年人对养老机构服务需求的差异性，如老年人更看重护理服务质量、对精神慰藉有一定的需求等，这对传统的养老机构服务的供给模式形成了压力，重医轻护理、重养轻精神慰藉的传统模式已不能满足老年人的需求，同时，护理人员流动性大、专业性不强、社工人员的欠缺等因素，均会造成机构难以满足老年人的各类服务需求，因此，细分老年人机构养服务需求，并作出相应的供给结构调整，是提高供给效率的重要前提。

第二，优化养老机构服务资源配置结构，注重服务质量、管理水平提升。养老机构服务资源结构包括养老机构的机构属性、地理位置、机构性质、机构床位数、机构入住率、机构资金来源、盈亏、软硬件建设等情况，这些资源状况共同决定了养老机构服务供给的质量、水平和稳定性，这表明一味追求床位数量而忽视质量建设的，难以改变整个养老机构服务资源配置结构，尤其要重视机构软硬件建设指标。机构服务设施完备，工作人员稳定的养老机构，较受老年人的欢迎，机构入住率、入住 3 年以上老人占比反映了老年人对养老机构的认可程度。因此，首先，着眼于提高机构软硬件水平，特别是在软环境建设上，应大力实施护理岗位补贴、给员工提供专业培训机会等措施，增强养老机构的工作人员队伍的稳定性，提高护理人员的专业性。其次，尽快推行养老机构评定标准评比机制，提出政府规制标准，推动各机构积极参与竞争，加强对养老机构的监督，促进养老机构健康有序发展。

第三，加强对民办机构的支持力度。目前大多数的民办机构都属于民非组织，民办机构已成为当前养老机构服务供给的重要主体，为入住机构的老年人提供了一半以上的床位，在缓解老龄化压力、满足老年人养老机构服务需求方面起了重要的推动作用。同时，在发展过程中，又面临着一系列的问题，如资金压力大、行业报酬低、人员难以留住等压力，需要得到社会、政府等政策支持。

第三节 养老机构服务资源利用研究

通过实证数据分析老年人对养老机构服务资源的需求和满足实现程度、养老机构资源配置现状，提出养老服务政策应如何回应现状以及提高养老服务资源利用率的对策建议。

一、养老机构案例选择

南宁市新阳真情养老院是一所公建民营性质的养老服务机构，本章选取该养老院为调研点，以了解养老机构在资源配置现状，老人对养老服务资源的利用程度。选择新阳真情养老院是基于如下两点考虑：一是新阳真情养老院在创办的短时间内打造出自己的一套管理模式，创新管理模式，引进先进技术，在公建民营养老服务领域中开展较早、发展较好，能较好地反映公建民营养老机构的运作情况；二是地理位置好，交通方便，入住的老人较多，能较全面地反映老年人的利用情况。所以选取南宁市新阳真情养老院为调查地点，对于其他公建民营养老服务的发展有一定的借鉴作用。

新阳真情养老院创办于 2013 年底，位于西乡塘区明秀西路，邻近广西妇幼保健医院、南宁市第三人民医院、新秀公园等，占地面积 700 多平方米，建筑面积 2800 平方米，设有 200 个床位，入住率 90%。在南宁市、西乡塘区两级政府的大力扶持下，其引入社会资本，添置技术设施设备，引进专业人才管理，在公建民营模式下运营成效明显。2018 年 5 月，南宁市第三人民医院与新阳真情养老院签订医养结合协议，为老人提供技术指导与专业诊疗服务。真情公建民营机构的建筑物，绿化环境建设得很好，户外活动空间大，院内配备有医用电梯，高清监控系统、智能呼叫服务系统、无障碍通道、供热供冷设备等。设有独立的膳食配餐中心、洗涤中心、临终关怀室和根据老年人实际需求特别设计的淋浴室、心理工作室、医疗卫生室、康复理疗室、老年人活动大厅、阅览室、休闲阳台等。

二、南宁市新阳真情养老院服务资源配置情况

（一）养老机构物力资源配置情况

1. 床位配置情况

2017 年南宁市民政局同意新阳真情养老院变更床位数量的申请，总床位数由原来的 180 张变更为 200 张。

2. 养老机构设施配置情况

第一，房间设施配置情况。房间设施包含电视、空调、报警器、独立卫生间、床头柜、床护栏等生活设备。第二，文化娱乐设施配置情况。有单独的娱乐设施：棋牌室、阅览室、活动大厅，配备电子琴、古筝、大鼓等乐器。第三，康复健身设施配置情况。独立的康复理疗室，配备了康复训练设施和健身设施，并且有医疗卫生室和心理工作室，医疗设备只是简单的听诊设备，医疗护理器材不多见。

3. 养老机构人力资源配置情况

工作人员的数量和构成。2018 年，全院职工共有 57 人，其中医护人员 13 人（医生 5 人，护士 8 人），护理人员 35 人，行政管理人员 3 人，后勤人员 6 人。具有专业资质人员 28 人，（高级执业医师 4 名、高级主管护师 2 名、中级厨师 2 名、中级护理 3 人、初级护理 14 人、初级家政服务 3 人）。

（二）养老机构财力资源配置情况

真情养老院的主要来源是入住老人缴费，其次是政府扶持和补贴，少有慈善捐款。养老机构处于收支平衡状态。政府对养老机构给予一次性建设补贴后，对接收本市城区户籍老年人入住的，给予每人每月 100 元的床位运营补贴，连续补 3 年。[1] 长期享受"免征企业所得税以及老年服务自用房产、土地、车船的房产税，城镇土地使用税、车船税"等扶持政策，还享受自治区福利彩票公益金的床位补贴：50～100 张床位的每张床位资助 2000 元，101～149 张床位的每张床位资助 2500 元，150 张床位以上的每张床位资助 3000 元。[2] 养老机构服务管理评估考核两年一次，服务优秀的养老机构和服务单位可获得奖励，南宁市新阳真情养老院在 2018 年养老机构服务质量星级评定中获得四星级荣誉。

三、真情养老院老年人养老服务资源利用分析

（一）调查对象的一般资料

本次调查共发放问卷 100 份，现场回收问卷 100 份，有效问卷 100 份。调查

---

① 南宁市加快发展养老服务业实施意见［EB/OL］. http：//mzj. nanning. gov. cn/info/60733.
② 南宁市多层次推动养老机构"公建民营" ［EB/OL］. http：//nanning. gxmzt. gov. cn/channel/008001006002005/info/17535.

对象的一般资料如表 5 - 12 所示。

表 5 - 12 调查对象的基本资料（N = 100） 单位：人，%

项目	分类	人数	百分比
性别	男	46	46
	女	54	54
年龄	≥90	3	3.0
	80 ~ 89 岁	35	35.0
	70 ~ 79 岁	59	59.0
	60 ~ 69 岁	3	3.0
文化程度	大专	1	1.0
	高中/中专	9	9.0
	小学或以下	58	58.0
	初中/技校	32	32.0
婚姻状况	离异/丧偶	47	47.0
	已婚	49	49.0
	未婚	4	4.0
	其他	2	2.0
经济来源	离/退休金	82	82.0
	配偶或子女	16	16.0
生活自理程度	全自理	56	56.0
	半自理	31	31.0
	完全不能自理	13	13.0
失能年限	2 ~ 5 年	14	14.0
	1 ~ 2 年	18	18.0
	<1	13	13.0
	0	55	55.0

根据表 5 - 12 的数据显示，接受调查的入住男性老年人占 46%，女性占 54%；年龄分布以 70 ~ 89 岁（94%）为主，年龄偏大；文化程度大多是集中在小学及以下；已婚、丧偶的老年人较多（96%）；82% 的老人的经济来源是退休

或离休金，少部分依靠子女，但是养老院的各项费用支出老人大多表示不清楚，全由子女进行处理。自己完全能生活自理和需要别人协助的老年人各占56%和44%；失能和半失能老人与健康老人各占45%和55%，公建民营养老院接收的老年人类型与民营机构多接收失能老人相比，接收的老人类型不再单一，为更多老年人提供多元养老服务。

（二）养老服务资源利用情况

根据表5-13显示，公建民营养老机构中老年人公共养老服务资源平均利用率为75.8%，说明真情养老院入住老年人对公共养老服务的利用率较高，公建民营机构养老服务集约化经营管理，在提高资源的利用率上有一定效果。从各方面服务利用率来看，生活照料服务（100%）比其他利用率要高，原因可能与老年人选择入住机构养老院的首要原因——家庭对老人的日常生活照料失去支持和马斯洛的需求层次理论——生理、安全需要相关。而心理服务利用率低（0%），显示了此方面的服务是养老服务的薄弱环节，这可能与心理服务提供的内容不符合老年人的需求有关。

表5-13 老年人公共养老服务资源总体利用调查（N=100）单位：人，%

服务项目	利用人数	未利用人数	利用率
生活照料服务	100	0	100
康复保健服务	95	5	95
基本医疗服务	97	3	97
文化体育服务	87	13	87
心理服务	0	100	0

（三）各项养老服务利用情况

将所收集的调查资料进行编号整理，应用SPSS21.0软件对整理的数据进行统计学分析。针对样本背景分析，使用频数分析方法进行基本描述；针对影响老年人养老服务利用的因素分析采用卡方分析。本次调查问卷内容中更多在于了解基本事实现状，研究当前现状情况，即为非量表类题型。针对非量表类题项，即分类数据之间的关系研究，应该使用卡方分析。

1. 生活照料服务利用情况

100 名老人均使用了生活照料服务，具体情况见表 5 - 14。其中，88 名老人表示受益，满意度达到 88%。

表 5 - 14　老年人生活照料服务的利用调查（N = 100）　　　单位：人，%

服务类型	利用人数	利用率
个人卫生	100	100
营养膳食	100	100
口腔护理	31	31
如厕排便	34	34
协助穿脱衣	42	42
洗衣	100	100
用餐、饮水	25	25

表 5 - 14 表明，生活照料服务中服务项目利用率的前三名是：个人卫生、营养膳食、洗衣。其他口腔护理、如厕排便、协助穿脱衣、用餐、饮水等服务的利用率均低于 50%，说明不同老年人对生活照料服务中的各项服务需求与利用存在不同。其中，生活自理程度和失能年限影响最大。

2. 康复保健服务利用情况

有 95 名老人利用了康复保健服务，具体情况见表 5 - 15。其中，12 名老人表示受益，满意度达到 12.6%。

有 5 名（5%）老人未利用康复保健服务，原因见表 5 - 16。

表 5 - 15　老年人康复保健服务的利用调查（N = 95）　　　单位：人，%

服务类型	利用人数	利用率
建立康复档案	90	94.7
体检	34	35.8
咨询服务	18	18.9
康复保健知识的教育	68	71.6

续表

服务类型	利用人数	利用率
肢体运动及功能训练	69	72.6
辅助器具使用、训练及护理	27	28.4
生活自理的训练及护理	46	48.4
无障碍服务	95	100
就医指导	28	29.5

表5-16　老年人未利用康复保健服务的原因（N=5）　　单位：人，%

原因	人数	构成比
不需要	4	80
不知道机构提供此服务	0	0
经济负担不起	0	0
行动不便无法利用	0	0
不相信康复的作用	1	20

表5-15和表5-16表明，康复保健服务中服务项目利用率的前三名是：无障碍服务、建立健康档案、肢体运动及功能训练。对康复训练满意的老人表示有专人看护，可以放心做康复训练。5名未利用者的原因是：不需要（80%）与不相信康复的作用（20%）。不同的生活自理程度的老年人对康复保健的态度有明显差异，主要体现在失能年限上，失能时间越长，老人越不愿意主动进行学习和咨询健康保健活动。康复保健养老服务的使用与老年人的生活自理能力和失能年限有关，其中对康复保健服务表示不需要或不认为康复保健有作用的老年人均处于完全不能自理的生活状态。

3. 基本医疗服务利用情况

有97名老人利用了基本医疗服务，具体情况见表5-17。其中，7名老人表示受益，满意度达到7.2%，6名（6.2%）老人表示不满意，原因主要是：所提供项目不符合自身要求，服务人员能力有限。

有3名老人未利用基本医疗服务，原因主要是经济负担不起。

表 5 - 17 表明，基本医疗服务中服务项目利用率最高的是：药物管理。据调查所知，入住老人多患有慢性病，如糖尿病、高血压、脑血管等疾病，所以护理人员会对这类老人进行帮助、督促服药的药物管理服务。医护人员每天都会进行查床，按时给老人检查身体。利用者表示不满意基本医疗服务的原因主要是服务人员能力有限，一般建议老人去医院进行就诊，每次陪同就诊收费 50 元。服务费用可能会影响基础医疗服务的利用率。

表 5 - 17　老年人基本医疗服务的利用调查 （N = 97）

服务类型	利用人数	利用率 （%）
疾病筛查与诊断	17	17.5
医生治疗与护理	15	15.5
药物管理	68	70.1
陪同就诊	39	40.2

4. 文化体育服务利用情况

有 87 名老人利用了文化体育服务，具体情况见表 5 - 18。

有 13 名老人未利用文化体育服务，原因主要是行动不便无法利用。

表 5 - 18　老年人文化体育服务的利用调查 （N = 87）

服务类型	利用人数	利用率 （%）
活动大厅	87	100
棋牌室	30	34.5
运动健身器材	8	9.2
阅览室	12	13.8

表 5 - 18 表明，文化体育服务中服务项目利用率最高的是活动大厅。活动大厅的主要作用是将老人聚集在一起，可以一起聊天，用餐时也方便管理，志愿者服务活动也会在活动大厅进行。其中阅览室、棋牌室和运动健身设备利用率不高的原因可能与老年人的身体机能下降，眼睛模糊，读书看报比较困难，老人有运动健身可能会磕碰身体，使用不当产生不良后果的担心有关；其中，

失能老人对文化体育服务很少利用，机构对失能老人较少提供交流、文化娱乐等活动。

5. 心理服务利用情况

没有老人主动利用心理服务，机构提供的心理服务包括心理咨询、心理疏导。不愿意利用心理服务的原因是不需要该项服务。

被调查老人均表示没有利用心理服务，但是根据调查所知，真情养老院十分欢迎社会团体、公益组织或志愿者个人进行探访慰问老人的活动，定期或者不定期地到养老机构进行志愿者服务、慰问演出等活动，老年人从中同样能得到心灵抚慰。养老院也会与志愿活动相互合作进行关爱老年人等心理活动。而且机构老人居住在一起，相互之间的聊天和娱乐，互帮互助，也会起到心灵慰藉的作用。这也许解释了心理服务利用率低的问题，这与项目提供的方式、老年人乐于接受的形式有关。

（四）单因素分析

针对机构所提供的养老服务，对老年人总体利用情况分析。使用卡方分析研究老年人的性别、年龄、文化程度、婚姻状况、经济来源、生活自理程度、失能年限 7 项一般资料与利用 5 项养老服务之间的关系。

1. 不同性别老年人利用率比较

表 5 - 19 显示不同性别老年人对于"接受过以下哪种养老服务"共 5 个选项的选择频数以及选择比例，其中，百分比性别作为基准，如表 5 - 19 中 95.7% 是指男性样本中选择"康复保健服务"的比例。可以看出，无论是男性老人还是女性老人对于养老服务的利用率较高，各项服务利用率均高于 85%，说明公建民营养老机构中养老服务利用率较高。但不同性别老年人对各项养老服务利用率差异均无显著统计学意义（P = 0.961 > 0.05），说明性别与养老服务利用率之间基本没有联系。

2. 不同年龄段老年人利用率比较

表 5 - 20 显示不同年龄段老年人对于"接受过以下哪种养老服务"共 5 个选项的选择频数以及选择比例。可以看出，不同年龄段老人对于养老服务的利用率均以 60 ~ 69 岁组最高，并且年龄越高，对养老服务中的康复保健服务与文化体育服务的利用率最低。分析原因可能与各年龄段老年人的特点有关。人进入老年，

表 5-19　不同性别老年人利用率的比较

		s0. 性别			
		男		女	
		计数	列 N%	计数	列 N%
接受过以下哪种养老服务	生活照料服务	46	100.0%	54	100.0%
	康复保健服务	44	95.7%	51	94.4%
	基本医疗服务	45	97.8%	52	96.3%
	文化体育服务	41	89.1%	46	85.2%
	心理服务	0	0.0%	0	0.0%

Pearson 卡方检验

		s0. 性别
接受过哪些养老服务	卡方	0.618
	df	4
	Sig.	0.961a

表 5-20　不同年龄段老年人利用率的比较

		s1. 年龄							
		≥90		80~89 岁		70~79 岁		60~69 岁	
		计数	列 N%	计数	列 N%	计数	列 N%	计数	列 N%
接受过哪些养老服务	生活照料服务	3	100.0%	35	100.0%	59	100.0%	3	100.0%
	康复保健服务	3	100.0%	31	88.6%	58	98.3%	3	100.0%
	基本医疗服务	3	100.0%	35	100.0%	56	94.9%	3	100.0%
	文化体育服务	2	66.7%	29	82.9%	53	89.8%	3	100.0%
	心理服务	0	0.0%	0	0.0%	0	0.0%	0	0.0%

Pearson 卡方检验

		s1. 年龄
接受过哪些养老服务	卡方	9.361
	df	12
	Sig.	0.672a

随着年龄的增高，肌体逐渐老化，功能减退，如视力模糊、两耳失聪、行动不便。年龄越大，日常生活起居越需要且长期需要被照顾，对文化体育等娱乐活动的可利用能力下降。但不同年龄段老年人对各项养老服务利用率差异均无显著

统计学意义（P＞0.05），说明年龄段与养老服务利用率之间基本没有联系。

3. 不同文化程度老年人利用率比较

表5-21显示不同文化程度老年人对于"接受过以下哪种养老服务"共5个选项的选择频数以及选择比例。可以看出，不同文化程度老年人对各项养老服务利用率差异均无显著统计学意义（P＞0.05），说明文化程度与养老服务利用率之间基本没有联系。

表5-21　不同文化程度老年人利用率的比较

		s2. 文化程度							
		大专		高中/中专		初中/技校		小学或以下	
		计数	列 N%	计数	列 N%	计数	列 N%	计数	列 N%
接受过哪些养老服务	生活照料服务	1	100.0%	9	100.0%	32	100.0%	58	100.0%
	康复保健服务	1	100.0%	9	100.0%	31	96.9%	54	93.1%
	基本医疗服务	1	100.0%	9	100.0%	31	96.9%	56	96.6%
	文化体育服务	1	100.0%	7	77.8%	29	90.6%	50	86.2%
	心理服务	0	0.0%	0	0.0%	0	0.0%	0	0.0%

Pearson 卡方检验		
		s2. 文化程度
接受过哪些养老服务	卡方	2.784
	df	12
	Sig.	0.997a，b

4. 不同婚姻状况老年人利用率比较

表5-22显示不同婚姻状况老年人对于"接受过以下哪种养老服务"共5个选项的选择频数以及选择比例。可以看出，不同婚姻状况老年人对各项养老服务利用率差异均无显著统计学意义（P＞0.05），说明婚姻状况与养老服务利用率之间基本没有联系。

5. 不同经济来源老年人利用率比较

表5-23显示不同经济来源老年人对于"接受过以下哪种养老服务"共5个选项的选择频数以及选择比例。可以看出，经济来源为配偶或子女的老年人的养老服务利用率略低于经济来源为离/退休金老年人。不同经济来源老年人对各项

养老服务利用率差异有显著统计学意义（P＜0.05），说明经济来源与养老服务利用率之间有联系。

表5－22　不同婚姻状况老年人利用率的比较

		s3. 婚姻状况					
		离异/丧偶		已婚		未婚	
		计数	列 N%	计数	列 N%	计数	列 N%
接受过哪些养老服务	生活照料服务	47	100.0%	49	100.0%	4	100.0%
	康复保健服务	44	93.6%	47	95.9%	4	100.0%
	基本医疗服务	44	93.6%	49	100.0%	4	100.0%
	文化体育服务	40	85.1%	43	87.8%	4	100.0%
	心理服务	0	0.0%	0	0.0%	0	0.0%

Pearson 卡方检验

		s3. 婚姻状况
接受过哪些养老服务	卡方	4.746
	df	8
	Sig.	0.784a

表5－23　不同经济来源老年人利用率的比较

		s4. 经济来源					
		其他		离/退休金		配偶或子女	
		计数	列 N%	计数	列 N%	计数	列 N%
接受过哪些养老服务	生活照料服务	2	100.0%	82	100.0%	16	100.0%
	康复保健服务	2	100.0%	79	96.3%	14	87.5%
	基本医疗服务	1	50.0%	82	100.0%	14	87.5%
	文化体育服务	2	100.0%	72	87.8%	13	81.3%
	心理服务	0	0.0%	0	0.0%	0	0.0%

Pearson 卡方检验

		s4. 经济来源
接受过哪些养老服务	卡方	25.805
	df	8
	Sig.	0.001＊，b

6. 不同生活自理程度老年人利用率比较

表 5 - 24 显示不同生活自理程度老年人对于"接受过以下哪种养老服务"共 5 个选项的选择频数以及选择比例。可以看出，完全不能生活自理的老年人对文化体育服务的利用率为 0，并且生活自理程度越强，对康复保健服务的利用率越高，对基本医疗服务的利用率越低。不同生活自理程度老年人对各项养老服务利用率差异有显著统计学意义（P＜0.05），说明生活自理程度与养老服务利用率之间有联系。

表 5 - 24   不同生活自理程度老年人利用率的比较

		s5. 生活自理程度					
		全自理		半自理		完全不能自理	
		计数	列 N%	计数	列 N%	计数	列 N%
接受过哪些养老服务	生活照料服务	56	100.0%	31	100.0%	13	100.0%
	康复保健服务	56	100.0%	31	100.0%	8	61.5%
	基本医疗服务	55	98.2%	29	93.5%	13	100.0%
	文化体育服务	56	100.0%	31	100.0%	0	0.0%
	心理服务	0	0.0%	0	0.0%	0	0.0%

Pearson 卡方检验			
			s5. 生活自理程度
接受过哪些养老服务		卡方	137.178
		df	8
		Sig.	0.000 ＊，b

7. 不同失能年限老年人利用率比较

表 5 - 25 显示不同失能年限老年人对于"接受过以下哪种养老服务"共 5 个选项的选择频数以及选择比例。可以看出，失能年限长的老年人对文化体育服务、康复保健服务利用率更低。分析原因可能是失能年限越长，老年人越容易接受现状，越缺乏恢复自身独立功能的信心，对康复不抱希望，导致利用率低，因此需要进行心理干预，并提高老年人对健康康复知识的了解。不同失能年限老年人对各项养老服务利用率差异有显著统计学意义（P＜0.05），说明失能年限与养老服务利用率之间有联系。

表 5 - 25　不同失能年限老年人利用率的比较

		s6. 失能年限			
		< 1		1 ~ 5	
		计数	列 N%	计数	列 N%
接受过哪些养老服务	生活照料服务	68	100.0%	32	100.0%
	康复保健服务	68	100.0%	27	84.4%
	基本医疗服务	67	98.5%	30	93.8%
	文化体育服务	68	100.0%	19	59.4%
	心理服务	0	0.0%	0	0.0%

Pearson 卡方检验

		s6. 失能年限
接受过哪些养老服务	卡方	44.645
	df	4
	Sig.	0.000 ∗，b

表 5 - 19 至表 5 - 25 数据结果显示：不同生活自理程度样本、不同经济来源样本、不同失能年限样本在"您选择了以下哪些养老服务"这个问题上有着显著差异。样本生活自理程度的不同、经济来源的不同、失能年限的不同，在选择 5 项养老服务上存在联系。生活自理程度、经济来源、失能年限影响着老年人对养老服务的利用。

（五）小结

第一，不同失能程度、不同生活自理程度的老人对使用各项养老服务的主动性差别大，随着不能自理程度的加深，老年人能够利用的公共养老服务资源逐渐变少。如文化体育服务。第二，生活不能自理或失能时间越长的老年人，对公共养老服务资源越不愿意使用。如康复保健服务。第三，利用者对公共养老服务不满意主要原因有经济负担不起和服务人员能力有限。如基本医疗服务。经济水平对机构养老服务资源利用有一定的限制影响。

养老服务提供者多元化的公建民营养老机构中，养老服务的多元性增强，入住率较高，接收的老人类型多，但不同类型的老年人在养老服务资源的可获得性和利用的效果较差，主要问题是养老服务提供者没有针对不同类型老人提供多层次服务供给，使老人主动或被动放弃公共养老服务，降低利用率；老人盲目的自我认知以及较低的经济支持降低了利用养老服务的可能性。

第四节　本章小结

　　本章主要基于人口老龄化与公共养老服务资源配置不均的双重背景下，研究城镇养老机构服务资源配置及利用效果问题，首先，随机抽样选取南宁市城镇养老机构老年人进行数据分析，构建指标，运用 PSR 模型进行数据分析，阐述养老机构服务资源配置效率，其次，选取南宁市最早实行公建民营模式的真情养老机构作为案例分析，运用描述性分析方法，对数据和案例、访谈资料进行整理和分析，评估老年人对机构养老服务资源利用，并对原因进行分析，总结广西养老机构服务资源利用的机制性障碍及问题。

第六章 农村机构养老服务资源配置现状及利用分析

　　根据数据显示，"十三五"期间，广西将建成 150 个社区居家养老服务中心，建立集培训、护理、康复、科研等功能于一体的 1000 多张床位的综合性养老服务示范机构。各设区市建成一所 500 张床位以上的专业性养护机构；各县（市、区）应当建立床位 200 张以上的综合社会福利机构；在重点乡镇或乡镇改造或建设床位 100 张以上，辐射周边地区农村养老服务中心。到 2020 年，社区居家养老服务设施基本覆盖所有的城镇社区和 2/3 的农村社区。① 由此可见，农村养老机构服务资源配置，从总数量到覆盖面都较过去有了较快的增长。农村养老机构主要有乡镇敬老院、五保村、养老中心院等几种形式，这几种机构均为财政全额投入机构。本章以广西 P 县农村养老机构为案例，对农村机构养老服务资源配置进行分析。

　　P 县是广西的农业大县，总人口超过 100 万人，农村人口户籍比例高，户籍登记数据显示，2018 年，P 县 60 岁以上老年人口数为 19.61 万人，全县总人口数约为 150.88 万人，老龄化比例为 13%，70 岁以上的老年人口占了将近一半，超过 9.3 万人，已登记领取高龄津贴 80 岁以上的有 2.77 万人，随着劳动力外流等因素，高龄、空巢老年人占比快速增加，老龄化程度的迅速加深对 P 县社会养老服务供给体系提出了迫切要求。

　　为了满足老年人口的养老服务需求，P 县积极推行社会养老服务供给改革，通过调整社会化养老服务资金投入结构、向养老机构提供运营补贴等政策方式，扩大社会化养老服务的供给。从投入对象来看，主要包括公办福利院、民办养老

---

① 广西人民政府官网。

院、乡镇敬老院、五保村等，这些方式推动了 P 县社会养老服务的发展，特别是对农村养老机构的扶持，使 P 县农村养老机构床位数快速增加，为农村老年人获得机构养老服务提供了选择。本章通过 P 县农村养老机构服务资源配置结构，养老机构服务供给与需求结构，剖析 P 县财政资金投入对农村养老服务资源的配置的作用以及农村老年人对养老机构服务资源的利用效果，并针对问题提出政策建议。

第一节　P 县社会养老服务供需现状

一、P 县农村机构养老服务供给现状分析

P 县农村养老服务体系以乡镇敬老院为核心，建设农村幸福园、五保村。主要面向农村五保老人、低保老人、特困户等政府兜底人群，乡镇敬老院位于乡镇中心，主要面向五保老人提供住养服务，同时，剩余床位面向社会老人提供住养服务；五保村、农村幸福园依托村子所在地就近建设，前者主要面向农村五保户提供住宿，后者面向农村特困人员提供住宿。经梳理数据资料，P 县农村机构养老服务资源供给呈现以下特征：

（1）入住率低，床位空置率高。从数据来看，农村养老机构入住率较低。全县乡镇敬老院 21 个，入住使用 13 个；五保村 149 个，入住使用 6 个。全县有入住敬老院、五保村床位数 2081 张，共入住五保人员、特困人员 204 名，入住率 9%。[①]

（2）养老机构服务覆盖面窄。2013～2015 年，财政共投入资金 2500 多万元用于 P 县社会养老服务机构的建设及维修改造，其中敬老院建设及维修资金 390 多万元、五保村建设及维修改造资金 1350 多万元、幸福园建设项目资金 760 多万元。项目主要受益对象是农村特困老人、三无老人、五保老人，这部分老年人均为财政兜底人员。从资金结构来看，其中接近 70% 的资金用于修缮敬老院及五保村房屋建筑，30% 的资金用于新建农村幸福园特困人员养老服务中心。

---

① P 县民政部门数据。

表 6-1 P 县 2013～2015 年机构养老服务财政投入构成

	农村养老服务中心	敬老院建设	五保村建设
投入金额	760 多万元	390 多万元	1350 多万元
主要受益对象	农村特困老年人	乡镇三无老人、五保老人	农村五保老人

（3）引入政府购买服务方式。通过政府购买服务的方式，P 县积极创新养老服务管理体制，官成镇通过政府购买服务，与 P 县慈博社会工作事务所签订合作协议。将敬老院管理、老年人生活及康复照料工作交由其提供专业服务。

（4）尝试开展养老机构医养结合服务。目前 P 县已开展家庭医生签约服务，并计划根据效果，首先将家庭医生的医疗资源引入城镇养老机构，等模式运行成熟后，再将卫生院等医疗平台资源引入乡镇养老机构，以弥补养老机构医疗、护理资源严重不足，提高养老机构医护水平。

二、P 县农村老年人机构养老服务需求分析

经济学将需求定义为人们在某一特定的时期内在各种可能的价格下愿意并且能够购买某个具体商品的数量。进一步分为有效需求和潜在需求，从养老机构服务需求来看，有效需求强调老年人有养老服务的需要，并且具备支付能力，能够购买所需服务；潜在需求指老年人有养老机构服务的需要，但不具备购买服务的经济条件。基于这一概念内涵，通过对 P 县农村老年人养老金水平进行分析，估算农村老年人对养老机构服务的需求水平，为优化资源配置提供依据及方向。

本章中主要选取城乡居民养老金水平进行分析，基于以下考虑：从数量上，这两部分退休老年人占 P 县老年人绝大多数；从养老金发放水平上，这两部分老年人退休金领取水平相对较低，尤其难以支付养老服务费用，正是财政补贴重点面向的对象。

（一）城乡居民社会养老保险领取水平

P 县城乡居民社会养老保险是社会统筹和个人账户相结合的覆盖城乡非从业人员的养老保险制度。P 县从 2012 年开展新型农村养老保险制度和城镇居民养老保险制度全覆盖。年满 60 周岁、累计缴费满 15 年，且未领取国家规定的基本养老保障待遇的，可以按月领取城乡居民社会养老保险待遇。从 2014 年 7 月起，将新农保和城居保合并为城乡居民养老保险。目前，城乡居民社会养老保险基金实行县级管理。养老金待遇由个人账户养老金和基础养老金两部分构成，基础养老金则由政府全额支付。从制度覆盖面来看，P县近年来城乡居民参保率保持在90%以上，即绝大多数老年人都进入了制度保障。按数据，P县城乡老年人养老金水平连续上涨，从2012年的53元/月，提高到2017年的89.7元/月，由于城乡居民养老金缴费水平低，缴费年限短，以及统筹水平较低等各种因素，养老金水平总体仍然较低，加上高龄津贴、低保补助金，仍然难以支付养老机构所需费用，这部分老年人若需要住到养老机构去，必须要依靠子女经济支持。

表6-2　P县城乡老年人养老金领取水平

年度	基础养老金财政补助收入（万元）				基础养老金结算支出（万元）				领取人数（人）	平均领取水平（元/年）
	小计	中央	自治区	县级	小计	中央	自治区	县级		
2012	12610	6394	5116	1100	9008	4594	3532	883	140322	642
2013	10812	7263	2829	720	13090	9599	2793	698	148605	881
2014	13324	10361	2241	722	13526	9919	2886	721	148253	912
2015	18069	13999	3310	760	17955	14223	2997	735	154378	1163
2016	16287	12363	3204	720	17087	13219	3113	755	158135	1081
2017	19361	15007	3587	767	17343	13418	3157	767	160981	1077
2018	22617	18222	3645	750	22652	17448	4181	1023	167256	1354

资料来源：根据P县人民政府部门历年公开数据整理而得。

（二）P县其他各类老年人津贴

P县为老年人提供五保供养、城乡居民高龄津贴等多层次养老保障，农村五保供养对象基本生活费从2013年的123元每人每月，逐步提高到现在250元每人每月（集中供养的每人每月发放400元）。定期发放80岁以上老年人的高龄津贴，80~89岁老人每人每月30元，90~99岁老年人高龄津贴每人每月50元，100岁老人高龄津贴标准提高到每人每月150元；城镇最低生活保障补助金为350元/月，农村最高生活保障补助金为280元/元。这些津贴为老年人提供了经济支持。

综上所述，P县养老服务需求水平处于较初级的水平，主要特征表现为：领取高水平养老金老年人数较少，城乡非职工老年人养老金水平低，加上高龄津贴、低收入老年人的最低生活保障补助金，仍难以支付养老机构基本费用，对农村机构养老服务的有效需求明显不足。

第二节 P县农村机构养老服务
资源配置及利用分析

综合分析以上 P 县机构养老服务资源配置情况与老年人养老机构需求水平，得出 P 县养老服务存在以下问题。

一、农村养老服务政策结构失衡

社会养老服务政策是以政府为主体，整合社会资源，为民众提供养老服务，满足老年人养老需求的公共政策。对养老服务资源具有导向、配置的功能。目前 P 县社会养老服务政策，主要特征为：社会养老服务资源在机构、项目等之间的分配不平衡，具体来说就是重视机构养老，忽视居家养老；重视硬件建设，忽视医护资源、护理人才培养等配套建设；重视财政投入数据指标，忽视老年人基础需求。这些资源配置特征与现阶段老年人的养老服务需求不相符合，由此给社会养老服务业的可持续发展带来困难。

从现实基础来看，我国老年人养老服务需求 "9046" 的特征非常明显，即 90%的老年人居家养老，4%是福利机构养老，6%是社区养老，即意味着绝大多数老年人都会在家庭养老，结合 P 县的人口特征来看，P 县属于农业大县，农业人口占大多数，老年人的养老意识偏向传统，居家养老，依托社区提供日间服务、上门服务等方式进行居家养老是老年人选择的主流养老模式。而近年来，P 县养老服务资金主要投向了机构养老，较多的资金用在了新建扩建各类养老机构，扩张养老机构床位数，即 "重砖头轻服务"，缺乏引导和鼓励养老机构专业护理人才培养的机制，对居家养老服务也缺乏关注。此外，给予民办养老机构床位补贴、运营补贴等政策力度较差，这些政策对改善目前的机构养老服务发展水平作用较弱，未能从根本上引导民办养老服务资源配置走向优化，对老年人群体来说，资金覆盖率仍然非常低，从人群分配上来看，也未能达到真正区分 "公共资源应向谁倾斜"，公平性不足。

二、财政资金投入结构不均衡、低效

（一）各类养老机构资源配置不均衡、投入重复

第一，从全县机构养老服务资源配置来看，对民办养老机构投入比例低，对乡镇、农村养老机构投入比例高，乡镇敬老院、农村养老服务中心、五保村资金投入重复、低效。从养老服务资源利用来看，全县敬老院、五保村共 2081 张床位，仅有 204 名五保、特困老年人员入住，入住率不到 10%。其中，敬老院 21 张床位，入住使用 13 张床位；五保村 149 张床位，入住使用仅有 6 张床位，使用率为 4%，农村幸福园入住率较低；公办福利院床位 100 张，仅有 30 多名老年人入住；民办社会养老服务机构 5 家拥有床位 558 张，有 261 名老人入住。三类机构相比较，农村养老机构床位总数最多，利用率最低，城镇民办养老机构床位数相对较少，但利用率最高。

第二，农村机构养老服务资源整合程度低。乡镇敬老院、五保村、幸福园，三类机构均主要面向乡镇和农村的财政兜底老年人，但未对资源进行整合，各自建设，造成投入重复。五保村的入住人群主要为农村五保老年人，农村幸福园入住对象为农村特困人员，与乡镇敬老院入住对象一致，服务水平基本一致，三类机构重叠设置，重复投入。

表 6-3　P 县各类养老服务机构资源配置比较

	床位数	入住人数	入住率	财政投入	受益对象
公办养老机构	100	30	30%	—	财政兜底人员
公建民营养老机构	200	—	—	1740 万元	社会老年人
民办养老机构	558	261	45%	116.8 万元	社会老年人
幸福园	—			760 万元	特困人员
乡镇敬老院	2081	13 个（使用）	9.8%	309 万元	三无老人、五保老人
五保村		6 个（使用）		1350 万元	五保人员

结合 2013~2015 年的财政资金投入，以及 2018 年投入，制作了表 6-3。

（二）养老服务资金效率低下

第一，农村机构养老服务空置。研究表明，我国农村老年人失能比例高于城

区老年人，近年来，财政资金加大了对农村的投入，但投入方式仍然为集中建设养老机构，只提供住宿，没有配套其他的养老设施及服务，且大多数五保村建址离聚居村落较远，这一设计方式与农村老年人居住习惯、养老服务需求相悖，导致高空床率，老年人不愿入住政府为其建设的五保村、幸福园，资金未达到预计效果。另外，对敬老院投入不足，近年来，财政资金对敬老院投入较低，设施落后，护理水平较差，难以满足失能老年人的照护需求。

第二，财政资金未对准养老机构最稀缺的养护资源。根据国内北京大学、中国老龄科研中心、国家统计局等多家机构和学者测算，我国城乡老年人的失能率在 10.45% ~ 13.31%，[①] 按这一比例对 P 县老年失能人口进行测算，结果如表 6 - 4 所示：

表 6 - 4　P 县中高老龄群体中失能老年人测算　　　　　　　　　　单位：人

年龄段	老年人人口数	失能老年人人口数估算（按 10.45%）	失能老年人人口数估算（按 13.31%）
70 ~ 79 岁	99880	10437	13294
80 ~ 89 岁	28553	2984	3800
90 ~ 99 岁	5011	524	667
100 岁及以上	286	30	38
合计	133730	13975	17799

注：按我国标准，65 岁以上老年人属于中高龄以上老年人，本章结合 P 县实际情况，将 70 岁及以上老年人纳入测算，得出结果。

根据上述估算结果，P 县城乡高龄、失能人口约在 1.3 万人以上，老年人随着年龄的增长，失能占比数、失能程度显著增加，农村老年人操作性生活能力丧失人数比例较高，可见，年龄越高失能程度越高，越需要养老机构提供护理服务，农村失能老年人更需要养老机构提供的是身体机能上的照护服务，护理服务是养老服务的关键内容，护理服务主要是由护理人员、护理设备等核心内容构成，而近年来，P 县财政投入主要是针对建筑设施、房屋修缮进行投入，对护理服务中的护理人才、护理设备配置缺少关注。

① 张文娟，魏蒙. 中国老年人的失能水平到底有多高？——多个数据来源的比较 [J]. 人口研究，2015（3）：34 - 47.

（三）养老机构管理水平有限

根据实地调研，P县养老机构普遍存在以下问题：人、财、物、力跟不上发展需要；民办养老服务机构数量少、规模小、床位少，设备设施配套用品跟不上老年人发展需求；养老服务机构的管理不规范，养老队伍素质不高，养老护理人员难招、难留、紧缺，经过专业培训学习的养老护理人员极少，基本没有；扶持养老服务机构发展的优惠政策落实不到位；养老服务机构的公益性、微利性较强，短期内难以实现财务平衡，难以吸引优质社会资本进入发展养老服务领域，这些问题制约了养老服务机构的发展，需要公共政策对现有资源进行合理整合、引导、调配。

第三节　优化农村机构养老资源配置政策设计

一、积极推动构建社会养老服务体系

（1）以居家养老为基础，增强老年人幸福感。平南县是一个人口大县，但也是一个典型的思想传统小县，居家养老依然是当地老人的传统。在家里养老有较好的硬件环境和心里舒适，还有周边熟悉的人，能使老年人更有归属感。所以居家养老是经济上的选择，也是每个老年人基本的选择。

（2）以社区养老为依托，增强老年人获得感。"我终将成为小大人，你将成为老小孩"，每个在托儿所的小孩都将成为一个"小大人"，而每个大人都会成为需要一个托老所的"老小孩"。社区成立日间照料的托老所，可以让老人们的日间的生活起居得到照料，晚上回到家中享受子女的照料和家庭的温情。除老年人的生活起居外，关爱老年人的精神文化生活也是社区养老的一部分。加大对社区老年人活动场所的建立，让老人尽量"走出去"，做到老有所为，老有所乐。社区养老就是为居家养老"搭把手"，弥补了许多居家养老不足之处。未来一定时期内在新建小区完善社区养老服务配套，逐步推进社区养老。

（3）以机构养老为补充，增强老年人的满足感。破除机构养老发展瓶颈，建立政府对民办养老服务机构激励长效机制。在衣、食、住、行各方面给予政策

城乡机构养老服务资源配置研究

优惠。出台对民办养老服务机构的扶持政策。在土地供应、税收、规费等方面给予优惠或减免。对非营性养老机构给予免除或减半收取相关费用。使民间资本能更加积极地进入养老服务市场。

二、积极培育多种社会养老服务供给方式

（1）利用互联网优势，为老年人养老服务获取提供帮助。参考国内及自治区内其他地区的经验，为居家老年人安装"一键呼叫"系统、固定呼叫热线，用互联网将老年人养老照料中的食、住、精神慰藉服务需求与服务供给方链接起来，鼓励社会组织、居委会在社区设立社区服务中心，设置老年人用餐驿站、打扫与清洁、聊天等服务，通过互联网呼叫方式，提供送服务上门。

（2）鼓励医疗资源进入养老服务行业。目前，平南县的养老机构、社区均较缺乏专业的医疗护理资源，财政政策应积极鼓励医疗资源进入养老服务行业，可以通过继续落实家庭医生签约服务，建立村医参与健康养老服务激励机制。鼓励家庭医生出诊为老年人服务，特别是对一些慢性病、精神病等老人进行上门服务。可使用固定呼叫热线或互联网服务等第一时间知悉老人情况，上门治疗。鼓励城区医院、乡镇卫生院与养老机构结对帮扶，定期从医疗机构派出专业医护人员，到养老机构开展问诊，方便老年人就近就医；帮助养老机构开办医务室，传授简单的急救服务；通过特殊岗位津贴的形式，鼓励医护人员进入养老服务行业，将养老机构转向能提供一定的医疗康复护理的养老护理院。

（3）通过"购买服务""服务补贴"等方式支持社区、村落、家庭间互助提供养老服务。这种养老方式主要是利用以老年人、近亲属为主的各类人力资源的闲置时间（闲置人力资源），为周围身体失能、失智的老年人提供就近养老照护，形成互相帮助养老的方式。这种养老方式能最大限度地动员社区村落、家庭资源，形成效率高、成本低的养老服务供给形式，财政资金应积极探索，向自愿提供养老服务的志愿者、服务者提供一定的资金补贴，对低保户、困难户以"政府购买服务"的方式，向农村闲置人力资源购买服务，免费或者低偿向他们提供养老服务，促进农村养老互助模式的发展。

三、优化社会养老服务资金投入结构

应调整资金方向，整合资源，重点投向老年照护服务建设，优化财政资金投入结构。

（一）整合农村养老服务资源，建立以乡镇敬老院为核心的养老服务体系

首先乡镇敬老院有着多年的发展历史，已有较好的运行基础，因此，应减少五保村、幸福园的建设，将资金重点投入建设敬老院，加快升级硬件设施，提升专业护理水平，鼓励乡镇和农村的高龄空巢、失能老年人入住乡镇敬老院；其次，在农村建设养老服务中心，引入社会资本运营，政府通过购买服务、发放补助等形式为农村老年人提供低偿养老服务，服务内容包括日间照料、娱乐、精神慰藉、上门服务等养老服务内容。

（二）资金投入重点面向引导护理服务资源配置

包括通过护理人才培养、配置护理设备、引入医护资源等。护理人才培养主要通过政府与养老机构共同举办护理技能培训、指导，强化护理人员的专业培训，提高专业护理水平；通过设置基层护理岗位，吸引农村闲置劳动力加入护理队伍；通过购买、配置护理设备，提升养老机构护理水平；依托乡镇卫生院力量，将闲置的医护资源引入养老机构，通过帮助养老机构设置卫生室、定期坐诊等方式，推进基层养老机构医养结合发展。

四、加强对养老机构管理和指导

实行政府引导，部门落实责任，规范养老服务机构的行为，促进养老服务市场发展，改善服务设施，提高服务管理水平，引导养老服务业有序均衡发展。近年来，平南县的民办养老机构发展较快，得益于其微利性与公益性，在民众中积累了一定的认可度，应大力鼓励其发展。在资金投入方面，政府应该加大对民办养老机构财政投入力度，建议通过政府购买养老服务、加大补助力度等方式，特别是对低收入高龄、失能老年人的补贴力度，将老年人的潜在养老服务需求转变为有效需求，提高床位利用率。通过政府资金投入支持民办养老机构建设，改善民办养老机构的硬件设施与软件环境，为老年人创造良好的养老环境。

第四节 本章小结

    本章对农村养老机构服务资源配置现状及利用进行分析，选取广西农业大县、人口大县作为分析案例，分析该县农村养老机构的公共财政投入总量、结构、政策效果，归纳总结农村养老机构服务资源配置存在的问题，指出当前乡镇敬老院服务水平较低、农村机构空置、重复建设等问题，提出优化投入结构，依托乡镇敬老院的平台，重点改造、升级乡镇敬老院，增强其服务失能老年人的水平；利用公共政策促进农村"互助养老"模式、帮助改善服务质量等政策建议。

第七章　国内其他地区机构养老服务资源配置经验借鉴

机构养老服务资源配置优化已在我国北京、上海、广州等地实施，这些地方均积累了较好的经验。本章选取上海机构养老服务资源配置结构优化案例、广州市公办养老机构床位分配机制案例，通过对这两个地区的养老机构资源配置结构特征、内容进行分析，归纳总结经验，提炼适合本区域发展的政策经验。

第一节　上海机构养老服务资源配置案例

上海市是我国最早进入老龄化社会的地区之一，在养老服务资源配置公共政策上积累较好的经验。本章基于上海公办养老机构改革案例，分析其养老机构服务资源配置改革的内在本质及其特征，为广西养老机构服务资源配置优化提供借鉴。

一、上海市人口老龄化与养老机构发展现状

2017 年，上海老龄化比例达到 14.3%，在国内主要城市中老龄化程度居最高，与国际上大城市相比，也处于较高水平。60 岁以上的老年人口占 33.2%，80 岁及以上老年常住人口为 82.77 万人，占全市 60 岁及以上老年人口的比重为 15.4%①。经济社会的发展，使高龄与空巢老年人较过去迅速增加，也有越来越

---

① 上海市统计局公开数据，2017 年。

多的老年人选择养老机构服务。经过多年的发展，2017年，上海市养老机构迅速扩张，养老机构床位数和社区养老床位数总和为15.6万张，床位数达到了每千位老年人口45张的比例，床位数位居全国前列。与此同时，上海市养老机构服务资源配置面临着供需结构不均衡等问题，一方面大量的床位闲置，另一方面大量的老年人排队等候好的养老机构床位，面对这些问题，上海市对养老机构服务资源配置进行了改革。

二、机构养老服务资源配置改革经验

（一）优化养老服务资源分配结构

（1）养老服务资源的"增量""增能""增效"。通过改造老旧社区、闲置空间、新建社区综合为老服务中心、养老机构，提高养老服务资源的覆盖率。改造、增加养老机构护理型床位数，占总床位60%，标准化认知障碍照护床位数达到8000张；提高养老机构服务水平，通过人力资源培训、医养结合、综合监管等手段，改善养老服务质量；发挥市场对资源的配置作用，促进老年人有效需求，养老服务效率。

（2）优化区域间养老服务设施资源配置均衡。主要针对农村地区的养老服务资源配置，通过增加新建养老服务中心，养老机构，提高农村地区养老服务人群覆盖率，达到镇（乡）标准化养老机构覆盖率100%的目标；改造农村薄弱养老机构，提高农村养老机构供给水平，为有需要的农村老年人提供合适的养老机构服务；发展互助式养老服务，在村域范围，组织村组睦邻点建设，扩大覆盖面。

（3）优化养老机构内各项资源配置结构。扩大长期护理保险制度试点面，为失能老年人提供失能保险津贴，减轻家庭经济负担，提高老年人有效需求水平；引导和培育社会化的评估机构和护理服务机构有序规范发展；推广综合照护服务模式，以社区嵌入式养老服务为基点，链接机构养老和居家养老，促进各类养老服务形态的融合发展，提高运营能力和资源利用效率；支持养老机构发挥溢向社区开放养老服务照护资源；鼓励公办养老机构充分利用自身资源优势，为老年人提供居家上门、康复期护理、稳定期生活照料等养老服务。

（4）利用医养资源，深化养老机构医养结合特色。进一步打通医养资源，完善激励机制，支持各类医疗卫生机构与养老服务机构以多种形式开展合作。对养老机构内设诊所、卫生所（室）、医务室、护理站，取消行政审批，实行备案管理。在养老机构和医疗卫生机构之间，普遍开通双向转接绿色通道。支持具备法人资格的医疗机构开展养老服务。鼓励养老服务机构通过设置医疗机构或与医疗机构合作的形式，开展中医药和康复适宜技术服务。鼓励医护人员到养老机构内设医疗机构执业，并在职称评定等方面享受同等待遇。

（二）促进各类养老机构资源互助，提升养老机构总体水平

为了带动发展缓慢、薄弱养老机构的发展，促进养老机构全面发展。2018年，上海市开始推行养老机构结对共建机制，推动优质养老机构资源向薄弱养老机构流动①。

（1）经过评估，筛选出上海市薄弱养老机构，该类机构可根据实际需求资源进行共建申报，可与等级评为三级的优质养老机构结成共建体。薄弱养老机构主要包括：民办养老机构，特别是规模较小的养老机构，新建成的公建民营养老机构，地理位置较为偏远的养老机构；缺乏医疗护理力量的养老机构。

（2）结对共建内容从人力资源到技术培训，对培训形式、内容、效果，进行约定。第一，人力资源提升活动。开展养老机构人员培训活动，通过帮扶培训，提升薄弱养老机构服务能力，培训对象包括管理员、技术骨干、一线护理人员，开展有针对性的培训，提升受援方的服务理念和服务能力。培训形式包括授课、座谈、轮训、现场指导等，制订培训的具体方案（包括培训的时间、次数、周期等）。原则上，受援方的所有管理人员、技术骨干和一线护理人员在结对周期（以年度为周期）内要完成至少一轮培训。第二，优质养老机构为薄弱养老机构的传授管理经验，提升管理水平。帮助薄弱养老机构制定规章制度、服务标准、工作流程、监督机制以及绩效评价体系等管理建议，传授管理经验和管理理念，帮助建立完善规范，提升其管理水平和能力。第三，提供技术指导，特别是医护服务技术指导，帮助薄弱机构提升专技水平。通过派出人员进行现场指导、培训、业务指导等方式，切实提高薄弱机构的养老护理技术水平。技术指导重点围绕机构信息化建设、护理服务人员岗位操作技能、医养结合护理等方面（见图7－1）。

---

① 上海市养老服务平台，2018 年，网站公开资料，http：//www. shweilao. cn/cms/cmsDetail？uuid = 9af504e7 - 5745 - 43a5 - aab0 - ec2267b84de6.

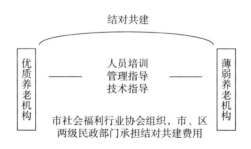

图7-1 上海市养老机构结对共建政策

（3）指定实施主体为市社会福利行业协会，市社会福利行业协会各区办事处，由这些行业协会组织，区内结对所产生的工作经费，由区民政局安排财政资金予以解决，其他结对所产生的工作经费，由市民政局安排财政资金予以解决。

第二节 广州公办养老机构床位分配机制案例分析

公办养老机构是养老机构服务资源配置的核心问题，长期以来，我国养老机构公办机制占主体，造成了供需结构不均衡等问题，公办养老机构改革是养老机构服务资源配置的重要内容。本节对广州市公办养老机构床位轮候制案例进行分析，剖析广州市在养老机构服务资源配置上的特征、内容，总结政策思路，为广西公办养老机构资源配置优化提供政策经验。

一、公办养老机构资源配置调整的现实依据

立足于广州市公办养老机构床位分配机制，探讨公共养老资源的有效配置问题。数据显示，全国养老机构床位空置率主要集中在民办机构，一半以上的民办养老机构收支只能持平，能盈利的不足9%，多数陷入经营困境。[①] 同时，公办养老机构普遍受老年人欢迎，特别是地理位置中心，硬件设施较好的公办养老机构一床难求。表面上看，两类机构发展不平衡，养老机构床位呈现供需结构错

---

① http://news.xinhuanet.com/gongyi/yanglao/2015-06/08/c_127889902.htm.

位，从深层次去看，已不仅是养老资源是否充足的问题，更是资源的分配问题，社会和政策的焦点在于，有限的公办养老机构床位资源应当"为谁"提供，如何提供，以及提供何种服务？由于缺乏一套统一的评估标准，老年人无法根据自身的经济状况、身体状况选择相适应的机构，经济条件及身体状况好的老年人更易在竞争中胜出，获得公办养老机构床位。各地进入公办养老机构靠"排队＋条子"、民办养老机构里失能的老年人多的现象频繁出现，折射了政策不完善而导致的公共资源分配不均的现实状况。

　　基于此，民政部提出，要加快公办养老机构改革，明确公办养老机构的职能目标是优先保障孤老优抚对象、经济困难的孤寡、失能、高龄等老年人的服务需求，强化政府在养老服务业发展中保基本、兜底线的职能的改革目标。依据这一改革方向目标，公办养老机构服务应通过建立一套科学、合理的服务对象评估机制，精确瞄准资源的分配方向，解决公共养老机构服务资源分配不公平现象，使其回归公共福利本质。本节选择广州市国内首创的机构床位轮候制作为分析案例，分析公办养老机构床位资源分配的政策实质、评估机制及存在的问题，提炼可借鉴的经验。

二、广州市公办养老机构床位轮候制的经验与启示

（一）广州市老龄化与机构发展现状

　　广州是国内较快进入老龄化、高龄化的城市，截至 2017 年底，广州市 60 岁及以上户籍老年人口数达 161.85 万人，占户籍人口的 18.03％；全市 11 个区中，有 8 个区老年人口超过 10 万人。广州市老龄化的特征是：集中于老城区，越秀、海珠、荔湾三区已率先进入中度老龄化社会；同时，同居老人数量不断攀升，2017 年数量为 11.64 万人，独居老人是指年龄在 60 岁以上，独自居住的老年人。这些老年人与子女分开住，无法获得家庭成员的日常照料和互动，这些老年人正是入住养老机构的主体人群。从老龄化社会的标准来看，广州已经步入较深层次的老龄化社会。80 岁以上户籍老年人所占老年人口比例达到 15.96％，且高龄组增长速度更快（见表 7-1）。①

---

① 2013 年广州市老年人口和老龄事业数据手册。

表 7-1 2013~2017 年广州市 80 岁及以上老年人口年龄结构

年份	2013	2014	2015	2016	2017
80 岁及以上老年人口数（万人）	21.33	22.65	23.81	25.43	26.20
占老年人口比重（%）	15.96	22.65	23.81	25.43	26.20

资料来源：2017 年广州市老年人口和老龄事业数据手册。

老年人口特别是高龄人口的快速增加催生了对机构养老服务的大量需求，广州市公办机构数较少，大多数位于老城区中心位置，相对于民办养老机构，公办养老机构资源更为有限，因建设时间长，政府投入有保证，运营较完善，在地理位置以及机构性质的双重偏好下，这些公办养老机构普遍面临着巨大的入住压力，以越秀区为例，截至 2011 年末，越秀区的养老床位数只有 2017 张，每千名老人只拥有 9 张养老床位数，距离 2015 年 10417 张的总养老床位数缺口高达8390 张，[①] 同为老城区的荔湾区老龄化程度排行第二，养老床位也面临巨大缺口，但 2011~2014 年，老城区新增的养老机构数量非常少。在机构养老服务需求快速增加与公办机构床位短缺的背景下，公办养老机构的床位配置规则越来越成为突出的问题，如何在有限的资源下，满足老年人的有效需求，成为公办养老资源配置的一道难题，更本质的问题是，有限的公办养老机构资源首先应当面向哪些老年人，如何提供？提供何种服务？广州市的床位轮候制提供了一个创新的思路。

（二）准确定位"谁"是公办养老机构的主要服务对象

为了将有限的公共养老服务资源通过公平、合理的方式分配给最需要的老年人必须首先明确目标定位。目标定位（Targeting）源自 20 世纪 70 年代福利国家社会福利改革兴起的一种新的政策工具，源于福利资源的有限性、稀缺性，福利国家经过多年的福利扩张后，饱受公共支出膨胀带来的巨大压力，福利政策从"普享性"向"选择性"转变是解决困境的有效方法，一个普遍性的政策调整即是运用目标定位的工具，将福利资源瞄准需要者。广州市政府从 2014 年起推行公办养老机构床位轮候制度，以老年人的"经济状况、身体状况"为评估标准，提出公办床位优先满足"三无"老年人，低保、低收入家庭老年人，重点优抚

---

① 2013 年广州市老年人口和老龄事业数据手册。

对象，剩余的三成床位面向社会老年人开放。这种瞄准老年人的经济状况与身体状况，使公办养老机构资源有效对接老年人需求的评估政策成为国内首创之举，也顺利缓解了低收入、高龄、失能老年人入住公办养老机构排队难、无法进入机构的矛盾。从轮候制的服务目标对象来看，这一套评估机制优先满足了一部分无法通过市场实现福利供给的老年人的需要，实现了福利倾斜的内在公平性目标。具体来说，轮候制优先考虑的几类人群，主要为民政确认的福利资格人员，是公办养老机构的兜底群体，符合公办养老机构的公益性的本质，特别是经济状况较差且失能、生活不能自理的老年人难以在民办养老机构中获得较匹配的服务，符合民政兜底的人群特征。这表明，轮候制实行的政策实质是通过建立科学、合理的评估机制，准确定位"谁"是公办养老机构的主要服务对象，并对目标人群进行分类排序，建立一套公平、有序公共福利资源分配机制，使有限的公共养老服务资源分配给"最需要的人"，有效解决目前公办养老机构床位分配不公平的困境。

　　根据《广州市公办养老机构入住评估轮候试行办法》规定，60周岁及以上、具有本市户籍、无暴力倾向且精神状况稳定、无传染性疾病并且自愿入住的老年人可以申请轮候入住公办养老机构。按照老年人的经济状况、年龄及身体状况，纳入三类轮候通道，按照优先次序分为特殊保障通道、优先轮候通道和普通轮候通道，特殊保障通道面向生活不能完全自理的城市"三无"老年人以及生活不能完全自理的农村"五保"老人。优先轮候通道面向生活不能完全自理的低保、低收入困难家庭老人，重点优抚对象，失独老年人、独生子女三级以上残疾的夫妻，以及经区（县级市）政府批准的生活不能完全自理并对社会做出重大贡献的老人，普通轮候通道面向社会60周岁及以上、生活不能完全自理或居家养老有困难的老人，以及75周岁及以上的老人。申报轮候流程如图7-2所示，由于评估政策的明确指向，在进入轮候环节，三类不同类型的老年人分别接受资格审查和身体状况评估，资格审查环节快速区分老年人的经济收入状况，进入特殊保障通道的老年人排在轮候通道的第一位，优先安排入住；优先保障通道主要面向经济收入较低，弱势群体，以及对社会做出贡献的老年人，排在轮候通道的第二位；在满足了以上两类人群的入住需求后，剩余床位面向第三通道，即普通轮候通道老年人，进入普通轮候通道的老年人则依据其身体状况进行次序排列，在此评估环节，高龄、失能老年人被准确地筛选出来，优先入住。在审查和评估环节结束后，老年人还可更改选择，在对两个选择志愿均不满意的情况下，可以放弃轮候，再次申请轮候需要重新排队，时效超过 2 个月后需要重新进行资格审查和身体状况评估。整个申报程序简捷，最大限度地减少了等候人的时间成本，流程公开、透明，保证了公共资源分配的公正、透明。

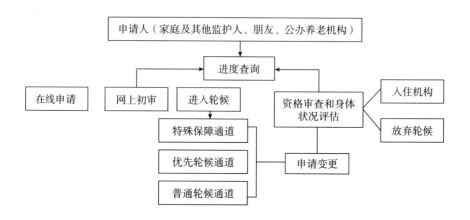

图 7 - 2　广州市公办养老机构床位轮候流程

资料来源：广州公办养老机构入住评估轮候网上办事平台。

（三）科学评估"谁"具备入住公办养老机构的资格和条件

资格审查主要面向特殊和优先通道的老年人，需要民政及政府部门的资格认定，这部分老年人在总轮候人数里占少数；大部分轮候老人进入普通轮候通道，身体状况评估环节主要面向这部分老年人，为确保入院身体评估的科学性和准确性，广州市参照国家的老年人能力评估行业标准制作了《老年人能力评估表》对申请人进行能力评估，并据此安排不同的护理床位。设计一级指标、二级指标，从日常生活活动、精神状态、感知觉与沟通、社会参与四个方面进行评估，由公办养老机构对老年人实行就近评估，评估结果 2 个月内有效，超出时效或身体状况有明显的变化的需要重新评估，对机构评估结果有争议的可申请进行第三方复议，评估结果两个月内有效，超出时间的，应当重新评估，从程序和操作上保证评估结果的公平、及时、准确。按照广州市床位轮候制的原则，公办机构首先保障无劳动能力、无法定赡养人、无生活来源的"三无"老人入住，剩下三成床位对社会开放，主要依据评估入住老人的身体健康状况进行分配（见图 7 - 3）。

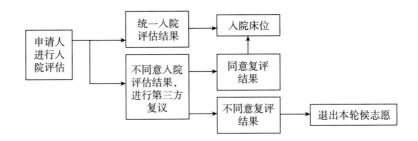

图7-3 身体状况评估环节流程

资料来源：广州公办养老机构入住评估轮候网上办事平台。

（四）适当控制公办养老机构的床位数

以2013年轮候网公开数据为例，当时广州市内公办养老机构10个，总床位数3586个（不含在建），以广州最大的公办养老机构广州老人院为例，从政策执行之初开始，在该院的轮候的331位老年人中，特殊保障通道和优先轮候通道的有42人，占轮候总人数的12.7%，几乎全部完成入住，普通轮候通道的有289人，占轮候总人数的87.3%，已完成入住的有155人其中大部分为80岁以上老年人。可见，在目前的公办养老机构轮候中，特殊保障通道及优先轮候通道并未占所申报人群的多数，相反，普通轮候通道的老年人居多，轮候网数据显示，目前广州市第二老人院（在建）排队人数已超过千人。如果坚持公办养老机构保基本、兜底线的职能定位，是否需要继续增加公办养老机构的床位数？在此，依据现有床位及可能的入住对象做大致的估算。

1. 以轮候政策中所规定的福利资格人员估算的床位数

广州年鉴数据显示，截至2013年，广州市享受城市最低生活保障人员为37682人，城镇三无老人为4853人，优抚对象为193人，失独老人为1369人。[1]其中，低保人员、优抚对象包含了各年龄段人数，按照广州市16.03%的人口老龄化比例粗略估计其中60岁以上人员，低保老年人约为6040人，优抚老年人约为31人。轮候政策中有一部分为广州市做出突出贡献并经民政认定的人员，由于人数较少，故不计算入内。列入估算的低保老年人、城镇三无老人、优抚老年人、失独老年人人数分别为：6040人、4835人、31人、1369人。结合广州市

---

[1] 资料来源于2013年广州年鉴。

"9073"的养老服务布局以及国际上5%～15%的老龄人口入住率估算值,拟对几类福利资格群体按3%～15%的比例计算,分别计入3%、5%、10%、15%估算,广州市所需公办养老机构床位数分别为372张、620张、1116张、1850张。

表7-2 广州市福利资格人员入住机构估算方案

	方案一(3%)	方案二(5%)	方案三(10%)	方案四(15%)
三无老年人(人)	149	248	495	743
低保老年人(人)	181	302	604	906
优抚老年人(人)	1	2	3	5
失独老年人(人)	41	68	14	205
所需床位数(张)	372	620	1116	1859

注:这几类人群中,进入养老机构的人数可能高于其他群体,因此以3%～15%的比例进行估算,高于一般老年人5%左右入住养老机构的比例。

资料来源:广州年鉴2013年。

2. 以失能老年人数据估算的床位数

潘金洪等依据第六次全国人口普查中生活不能自理老年人数据,计算了我国老年人失能规模为522万,总失能率为2.95%,其中城市失能率为2.35%,(广东省约为1.8%)老年人口失能率随之年龄上升而快速上升,60岁组老年人合计失能率为0.68%,70岁组为2.15%,80岁组为6.49%,90岁组为18.56%,百岁及以上的高达29.19%。[①]依据这一研究结果估算广州市60岁以上失能老年人口数约为10177人。按失能人口至少80%入住养老机构或医疗机构测算,约需总床位数8142张床位,其中有相当一部分老年人是入住医疗机构的,假设选择入住养老机构的老年人比例区间为60%～80%,那么所需床位数约为4885～6514张。

3. 广州市公办已有床位数与需要入住公办机构人数的对比

轮候网资料显示,2013年,广州市目前已建有公办养老机构床位数3586张,在建床位数8626张,民办养老机构床位数35363张,在建3639张,预计养老机构总床位数在近两年内将达到51214张,其中,公办养老机构共12212张,按照

---

① 潘金洪,帅友良等.中国老年人口失能率及失能规模分析——基于第六次全国人口普查数据[J].南京人口管理干部学院学报,2012(10):3-8.

公办养老机构的优先兜底职能，与之对应的福利人员数约为 372～1850 人，可见，现有机构床位数不仅已完全能满足这部分人员的入住需求，床位数还远高于这部分老年人的数量。入住养老机构的失能老年人约为 4885～6514 人，失能老年人也是公办养老机构优先考虑入住的人群，按照在建床位数估算，这部分老年人也能实现入住公办养老机构。从总体需要来看，按广州市政府提出的"9073"的养老服务格局估算（即 90% 的老年人居家养老，7% 的老年人社区养老，3% 的老年人机构养老），按照 3% 的老年人需要入住机构估算，广州市约需 39900 张床位，从整体层面的入住人数与机构床位匹配来数看，现有养老机构床位足以满足老年人的入住需求。

表 7-3　广州市失能老年人数量估算

年龄段	人口数（人）	全国平均失能总和比例（%）	城市平均失能比例（%）	广州平均失能人口数（人）
60～70 岁	715392	0.68	0.23	1645.4016
70～80 岁	402705	2.15	0.71	2859.2055
80～90 岁	187869	6.49	2.21	4151.9049
90～100 岁	23584	18.56	6.10	1438.624
100 岁及以上	862	29.19	9.60	82.752
总计	1330412			10177.888

资料来源：潘金洪、帅友良等：《中国老年人口失能率及失能规模分析——基于第六次全国人口普查数据》及 2013 年广州市老年人口和老龄事业数据手册数据计算而得。

表 7-4　公办机构床位数与需要入住公办机构人数的对比

类型	数量
已有床位数（张）	3586
拟建床位数（张）	8626
总床位数（张）	12212
符合福利条件人员（人）	372～1850
失能老年人（人）	4885～6514
入住公办机构人员总数（含失能老年人）	5257～8364

资料来源：轮候网及老龄手册数据。

《国务院关于加快发展养老服务业的若干意见》（国发〔2013〕35号）提出充分发挥市场在资源配置中的基础性作用，逐步使社会力量成为发展养老服务业的主体，营造平等参与、公平竞争的市场环境，大力发展养老服务业。《民政部关于开展公办养老机构改革试点工作的通知》（民函〔2013〕369号）的文件提出，公办养老机构要强化对特殊困难老年人的服务和保障，履行政府在养老服务业发展中保基本、兜底线的职能。可见，机构养老服务中公办养老机构的职能应当是保基本、兜底线，那么，它所面向的养老服务需求就是一部分在市场中无法获得服务的弱势群体，而不是面向所有老年人的需求，在当前两类养老机构发展不平衡的情况下，公办养老机构依据当前老年人排队等候床位的需求持续大规模投入建设，意味着社会资本进入机构养老服务的市场困难重重，显然无法从根本上解决机构养老服务资源配置效率低下的困境。

三、对策建议

广州市率先在公办养老机构床位分配中使用统一的评估轮候政策，为优化公办养老机构服务资源优化配置改革提供了有益的经验启示，使老年人能通过科学的评估程序，公开、公平地获得服务。轮候制以经济状况和身体状况为指标的评估政策能快速确定服务对象，同时也能将各类老年人群体与公办养老机构资源间的总体供求关系展示出来，为未来公办养老机构的发展指明方向，为提高养老机构床位资源配置效率提供有力的依据。同时，公办养老机构床位分配还存在许多问题和挑战，未来应当从以下三个方面进行不断完善。

（一）完善床位轮候制，保证公共养老服务资源指向最需要的人

完善床位轮候政策应从两方面着手。第一，统筹民办养老机构的服务资源，通过整合公办与民办养老机构的床位资源，将公益性的民办养老机构床位分配统一纳入管理，统一实行服务对象评估体系，扩大评估轮候政策的范围，政府通过以购买服务等方式为入住民办机构的老年人提供床位补贴等方式，将福利资源分配到个人，使有限的福利资源真正指向"最需要"的人，真正为老年人机构养老服务轮候建立可预期的秩序。第二，完善轮候制的操作环节。首先是依据地方经济社会发展水平，及时调整评估标准。在经济发达地区，由于贫困老年人较少，公办养老机构更多地面向社会老人，在对社会老人进行评估时，应同时纳入身体状况与经济状况的评估标准，通过权值比较等技术手段，筛选出更适

合的老年人，同时动态地评估老年人的经济收入状况与身体状况，形成"分工明确、梯度衔接、公平轮候、能进能出"的机构养老服务供给格局，真正弥补公办养老机构排队时间太长，供给不足的缺陷，保证公共养老服务资源指向最需要的人。

（二）加快推进公办民营、民办公助等多种经营形式的养老机构发展，控制公办养老机构的大规模建设

长期以来，公共福利资源仅与公办养老机构捆绑，大量公共福利资源投入公办机构，而不是随老年人转移，这一政策机制已成为目前养老机构摆脱发展困境的障碍，选择入住民办养老机构的老年人无法享受公共福利带来的益处，致使公共养老政策目标偏向狭隘，有失公平。目前，公办养老机构床位数占我国养老机构总床位数的一半以上，且床位数还在快速增加中，应尽快推进公办民营、民办公助等多种经营形式的养老机构发展，鼓励社会力量运营，减少政府的行政干预，通过建立补贴个人的公共养老资助机制，引导老年人入住民办养老机构。同时，控制公办养老机构的大规模建设，调整公共资源配置方式，使养老机构资源供给充分使用，解决目前的供需困境问题。

（三）加强对民办养老机构的监管

随着越来越多的社会力量加入到养老服务的供给中来，民办养老机构将成为机构养老服务供给中的主角，因此，应当加强对民办养老机构的监管，提高其服务质量，最终形成多层次、多样化的机构养老服务供给市场。

第三节　本章小结

上海市是我国最早进入老龄化社会的地区之一，在养老服务资源配置公共政策上积累较好的经验。本章基于上海公办养老机构改革案例，分析其养老机构服务资源配置改革的内在本质及其特征，广州是国内最早开始实行公办养老机构床位分配机制改革的城市，并取得了不错的成绩，在推动养老机构服务资源配置公平和效率上有较好的经验，因此本章借助广州公办养老机构床位分配机制的案

例，分析养老机构服务资源配置的公平性取向，指出公办养老机构服务资源配置方向、趋势，通过对这两个地区的养老机构资源配置结构特征、内容进行分析，归纳总结经验，提炼适合本区域发展的政策经验，为广西养老机构服务资源配置优化提供借鉴。

第八章　研究结论与政策建议

本章在对广西城镇机构养老资源配置现状及利用效果、农村资源配置现状及问题进行深入分析，借用公共经济理论、政府责任边界理论对养老机构服务资源配置存在问题进行分析，借鉴上海、广州等国内外机构养老服务资源配套改革和发展经验的基础上，探寻构建广西机构养老服务资源配置优化路径。

第一节　优化机构养老服务资源配置的制度安排

一、扩大机构养老服务资源配置供给

政府通过积极的尝试并实践多种供给方式，增强社会组织提供服务的能力，如养老机构公建民营、公助民办模式，最终实现社会总体的福利提升。在公建民营的模式下，政府机构建设的主要负责人，机构建筑、硬件所有权归属政府所有，社会组织拥有养老机构的经营权。给予机构一定的享有优惠政策和补贴的权利，目的是借助社会组织、市场力量来承担一部分的公共服务供给，因此，机构具有一定的福利性，所以确保社会组织举办机构的非营利性质，就必然要通过货币补贴、实物补贴、政策支持等方式，扶持这部分机构的发展，找到营利性与福利性两者之间的维持平衡与和谐的点。未来公建民营养老机构的发展方向要由政府主导转向引导，养老机构要由完全地依赖政府提供的便利转向与政府互赖，一起来承担社会责任，满足老年人的养老需求。加强公助民办的养老机构资源配置模式，通过给予民办机构同等的政策优惠、补助，鼓励民办机构接收一部分政府

兜底人员，通过政府购买服务等形式，引导和鼓励一部分老人入住民办养老机构，提高民办机构入住率，提高资源配置效率。

二、建立政府、机构、老年人三方协同治理机制

养老行业的主体包括作为安排者的政府、作为消费者的老人、作为生产者的民营机构或者其他养老业市场。协同治理为了实现共同的利益目标，把三个主体结合起来、共同合作。政府作为制定法律的主体，在政府进行监督管理的时候，要发挥最大的监督效用。在养老产业的运行管理中，政府主要负责监督管理，监督贯穿整个管理的过程，进行宏观调控，调控的范围包括该运营商在整个运行过程中是否遵守相应的法律法规、是否符合行业标准、服务是否到位、资金是否足够、如若有违规现象该如何惩处，等等。养老服务机构则要承担整个运行管理过程中养员的招入、自身的发展、人才的引进、服务的具体实施等，在整个运作中，最关键的还是养老服务机构，养老服务机构在执行政府任务的情况下需充分发挥自我主观能动性，要按照市场规律来使整个机构良性运行。

（一）健全并完善政府监督管理机制

政府在对养老机构主要承担监督管理的职责，政府部门要有健全并完善监督管理的机制。通过与各部门的协调合作，来促进养老事业规范化，形成良好有序的发展，政府部门可以从内部机制中派两至四名的专职工作人员前往养老机构，进行相应的监督检查任务，任务结束后要定期向上级汇报情况。监督的具体内容包括：第一，对养老院整体服务的监督，看项目是否完备、服务是否周到，老人的整体满意度是否达标；第二，监督养老院的收费情况，看收费是否合理，定价是否符合当地物价水平，保障收费的合理性，维护老年人的消费权益；第三，检查配备的设施是否合格，包括消防栓、灭火器这些应急设备；第四，监督护理服务人员的专业水平，要通过专业的护理培训、要持有护理证书才能上岗。只有做到了有效的监督，让行业发展形成规范，循章办事，老人的合法权益才会得到保障，养老院才会实现长远发展。为了让入住的老人有更好的服务体验，还为了提高家属的满意度，从整体提升养老院的服务质量。

（二）建立费用分担机制，提高老年人购买服务能力

当前，政府在大力推动公办养老机构、公建民营养老机构探索医养结合模

式，在实现优质养老的基础上实现"恰当而充分的医疗"。但是老年人承担费用的能力限制了医养结合的经营模式的推广，也约束了机构探索医养结合的积极性，老年人对基本医疗服务资源低效利用。可积极探索建立费用分担体系，将老年人日常疾病纳入长期护理保险保障范围，同时，出台优惠政策，鼓励保险公司推出商业健康保险，老年护理保险；捆绑家庭，单向为老人补贴医疗费用等，提高老年人购买服务能力。

第二节　优化农村机构养老服务资源配置

一、整合农村机构养老服务资源结构

广西属于西部欠发达地区，特别是广西西北山区，集中了较大一部分的贫困人口，少数民族地区的生活经济水平低下，老年人生活水平较低。从老年人的支付能力来说，难以在市场上实现养老服务资源获得，以目前农村基础养老金、最低生活保障补助、高龄津贴来测算，仍难以承担乡镇养老机构的基本费用。此外，由于劳动力外流严重，农村老年人人口占比较大，按户籍人口测算的养老服务需求，与按常住人口测算的需求不符，因此，对于农村养老机构服务资源配置而言，摸清该地区的实际需求，尤为重要，福利资源配置应优先向人口较集中的农村地区、贫困地区、贫困人群倾斜，通过改建乡镇敬老院、充分利用闲置的五保村、农村养老服务中心等设置设施，扩大农村养老机构服务供给来源，扩大覆盖面。同时，转换过去注重"砖头"建设的思路，大力投入服务建设，为老年人提供基本护理，保健，文化娱乐，心理安慰和其他老年人护理服务，进而不同经济条件老年人可以享受到与经济水平相符的养老服务。

二、加强农村"互助养老"建设

通过前文的调查分析结果可知，现阶段的农村老年人更愿意选择在家养老，但由于很多农村中青年外出务工或承受着巨大的工作和生活压力，没有时间和精力来照顾家里的老人，所以很多老年人连基本的生活照料都得不到。而"孝文化"是中华民族的传统美德，在现阶段仍以家庭养老为主的大环境下，必须弘扬尊老的中华传统美德，通过社会舆论和道德伦理来规范人们的养老行为，如家庭成员能自觉承担起赡养老人的责任、邻里亲戚能够帮助有需要的老年人，从而形成良好的互助养老的模式。首先，建立"互助养老"的津贴制度，对承担照护亲属、邻里失能失智老年人的农村劳动力，由政府给予一定的津贴，以弥补这部分劳动力外出务工的报酬损失，引导闲置劳动力投入到"互助养老"模式中去，切实推动农村的养老服务建设；其次，探索建立"互助养老"资金统筹制度。为确保补贴资金的长期性与可持续，可探索尝试将农村的"互助养老"行为纳入长期护理保险范围，从长期护理保险中支出一定比例的资金，用于发放"互助养老"津贴，以确保制度的良好运行。

三、推动多方参与建设农村社会养老服务

要想建立和健全农村社会养老服务体系，只有政府和家庭这两个参与者是远远不够的，这就需要鼓励和支持社会各方力量的参与，既可以减轻政府和家庭的供养压力，又可以更快更好地推动农村社会养老服务的发展。

第一，充分利用当地的人力资源开展养老服务。首先，家庭养老作为当前最主要的养老形式，其养老功能仍需继续发挥其作用，所以应鼓励家人为老年人提高基本的生活照料服务。其次，因地制宜，根据当地的养老服务人力资源的数量和质量，合理安排各个地方的供给。最后，鼓励本村老年人通过互助的形式换取所需的养老服务，同时利用本村的中青年劳动力为老年人提供免费服务。

第二，鼓励社会组织参与农村社会养老服务。现阶段，社会组织在各领域的各个方面都发挥了重要作用，而农村社会养老服务作为新兴领域和产业更是需要这一重要社会力量的参与。首先，要想吸引社会组织参与农村社会养老服务，政府部门就必须为其制定一系列的优惠政策，如提供资金、税收优惠政策等。其次，政府还可以与社会组织合作，取长补短，为广大农民带来更多的福利。最后，不管从事什么经济活动都要有法可依，所以政府应制定相关的政策法规，让社会组织依法提供养老服务，同时也可以加强对社会组织的监督。

四、发展符合农村老年人需求的养老服务内容和形式

从调查结果分析得出，目前农村地区大部分老年人都能得到基本的生活照料服务，主要缺少医疗保健、文化娱乐、精神慰藉等服务。因此。根据老年人的现实需求和养老意愿，可以在本村建立老年人服务中心，为本村老年人提供医疗保

健、文化娱乐、精神慰藉等养老服务，这样既不用离家又可以享受到基本的养老服务，即"家庭养老为主，社会养老为辅"的养老模式。同时，考虑到部分少数民族农村地区经济水平低下的客观现实，对于支付能力很低甚至没有支付能力的老年人，可以采取低偿、补贴等方式，通过社会合作供给的形式，供给老年人。

五、增加农村社会养老服务供给

政府部门应该增加人力资源，物质资源和财务资源，创新农村养老模式，依靠行政村，大型自然村庄，使用农村公共服务资源和空闲设施，建设幸福农村医院、疗养院，共同养老服务设施如老年人活动中心，为农村老年人特别是农村空巢老人，五保对象、优抚对象提供食物，生活照料，日间休息，娱乐等服务。发挥本村村民的人力资源、本村约定好的规则和老年协会的作用，鼓励并监督老年人家属承担赡养老年人的义务，同时也可以采取互助的形式换取需要的养老服务或鼓励有能力有时间的村民为本村老年人提供免费服务，从而满足老年人的生活所需。此外，还应重视民营机构养老服务的发展，鼓励个人、社会组织、家政、物业管理等企业开展膳食、日托、老年人活动中心等多种形式的养老服务。引导民间组织等社会力量建立养老服务机构，鼓励发展特色化、专业化、现代化的养老服务机构。

第三节 优化不同类型的机构服务资源配置

养老机构带有一定的公共福利性质，由于天然的"弱质性"，即投入大、回报周期长、回报低、工作量大等特征，在行业里并不具备优势，反而带有弱势性质，且养老机构承担了一部分的公共服务职能，因此，养老机构大多必须依靠政府的财政与政策支持。政府部门应该根据养老机构性质方面的不同，还有机构在发展中面临的困境，对机构加以帮助。

一、支持社会组织举办养老机构，引导公共资源为养老机构服务

（一）加大财政投入、拓宽资金来源

加大对公建民营养老机构的财政投入，使其有足够的公共资源完成政府部门赋予的使命，而不是动用私人资源来完成服务，这样才能更好地促进公建民营性质养老机构能在福利性和营利性之间进行均衡，完成公共养老服务供给。资本运作困难一直是困扰社会组织举办养老机构的一大难题，也是限制养老机构发展的主要因素，基于公共政策制定角度，加大对社会组织举办养老机构资金和政策支持，主要包括：支持社会组织举办养老机构的税收优惠政策、补贴方式、补助金额等，具体可以通过购买服务的方式，由政府出资，机构提供服务的形式支持社会组织举办养老机构的发展。应该积极监督政策实施情况，发挥好政府的监管职能，实行多渠道监督方式保证政策落实到位，以保障社会组织举办养老机构的权益实现。

（二）拓宽筹资渠道

关于融资的问题可以采取多渠道的筹资方式，激励有实力的社会组织参与进来，进一步加强以委托经营为主这样的模式的发展。拓宽机构的筹资渠道可以引入福彩性质的公益基金，具体可以通过建立专门慈善公益性质的基金会来筹措资金，也可以通过增加彩票公益基金部分所占的比例来获得。通过扩大投资主体范围，让有实力的社会力量、彩票公益基金、社会慈善团体的捐赠来弥补国家财政资金在养老服务行业预算不足的问题。这样多元化的资金渠道是能够从根本上改善以前养老机构对国家政府的依附性的，既缓解了国家财政资金的压力，又完善了养老机构筹措资金体制，同时还增加了社会资源的有效利用率。

（三）目前社会组织举办机构养老服务依旧存在较大差异性，特别是民办养老机构，规模较小的养老机构，管理规范化不足

政府应该完善相应的法律规范民办养老的运营。不符合资格的养老机构不仅对老人的生命健康构成安全隐患，还让社会大众对养老机构产生信任危机。因此，政府应当发挥自己作为管理者的作用，加强监管力度，取缔唯利是图的养老机构，引导社会组织举办养老机构向更好的方向发展，帮助养老机构在大众心中

树立起良好的社会形象，切实保障老人享受应有的权利。

（四）完善养老服务人才激励措施

通过养老服务人才专项补贴政策、加强专业人员培训、医护人才资源整合等措施，提高养老机构的整体服务水平。养老服务行业因其天然的弱质性，行业薪酬水平较低，人员素质不够专业，严重了影响其服务质量的提升，而养老服务业又是一项专业性比较强的工作，需要服务人员具备一定的专业化和职业化水平，如何提升人力资源质量，应当从公共政策角度给予支持，如提供岗位补贴、强化岗前培训、定期培训，确保从业者在老年照护方面有基本经验和专业知识等措施，均是提高人员服务质量的有效途径。高校就是政府培养后备人才的基地，政府可积极探索联合高校共同开展人才培养方式，采取订单式培养、定制式培养的方式，为养老服务行业提供专业人才。整合养老与医疗资源。积极引导养老机构与附近的医疗资源进行合作，通过"医养结合"的路径，整合养老资源和医疗资源，以满足老年人对医护人员的需求。

二、加大公建民营、民办养老机构扶持力度，促进机构内资源优化配置

（一）加大建设扶持力度

对于符合规定的弱质养老机构，政府可以在现有政策支持的基础上，补贴力度可以加大一些，给予这些养老机构一定的资金支持。对一些基础的机构康复设施设备、护理床位提供支持。拥有良好的基础设施和设备，是老年人在养老机构住得舒适的重要条件。民办养老机构应该为老年人建造一个舒适安稳的生活和居住环境。首先，老年人起居室的设备要完善，可以依据老年人具体的失能程度为其完善日常的辅助设施。其次，要完善老人的活动区域的建设，对于老年人日常使用较多的活动项目，应及时更新。最后，完善失能老人康复室的建设，保证其能有助于老人的康复治疗。

（二）提升医疗护理水平

第一，从照护需求来说，失能老人的医疗服务需求会远远大于自理老人。民办养老机构应该在经济允许的范围内，为老年人配备一些日常的医疗仪器或器械，便利老年人的生活。在了解老年人的身体情况之后，还可以在机构专业医生

的指导下，为老年人开展康复训练，有助于老年人的身体恢复。第二，应在民办养老机构所签约的定点医疗机构内，为老年人建立相应的医疗康复档案，方便老人记录老年人的身体变化情况，以便为老年人提供及时的医疗服务。第三，满足失能老人的精神需求。失能老人因为身体机能的衰退，导致行动不便，在极端情况下可以会产生负面的情绪。在这种情况下，民办养老机构中应常备一名心理医生，可以及时梳理失能老人的负面情绪，更可以定期开展心理辅导活动，帮助失能老人开导内心的不良情绪。同时，更应该为入住老人开展丰富多样的精神娱乐活动，让失能老人的晚年生活丰富起来，可以开阔心胸。第四，建立专业优质的护理人员团队。在广西民办养老机构中，大多数护理人员的文化程度都是小学或初中，有关单位应该从实际情况出发，根据岗位需求，推行长期、持续的人员培训制度。并且民办养老机构可与高校开展合作，按照民办养老机构的具体需求，定向签约专业对口的护理人员加入到现有人才队伍中，扩充机构中专业优质的护理人员数量。第五，扩充男性护理人员数量。关于护理人员团队，不仅有数量要求，还应平衡队伍中的男女比例。针对男性护理人员极度缺少的情况，建议相关教育部门可以适当降低男性报考护理类专业的条件，同时实行"宽进严出"的策略，保证男性学员学习水平达到护理人员从业要求。并且还应配合适当的社会宣传，转变社会对男性护理人员这一职业存在的偏见，从而在源头上解决护理人员性别失衡的问题。

第四节　提高民办机构养老服务水平

民办养老机构是养老服务供给中的重要主体，为老年人提供了大量的床位，民办养老机构的发展符合是我国养老机构改革和发展的趋势，因此，民办养老机构的举办具有重要意义。提高民办养老机构服务水平是改善过去床位使用率低、维持艰难的关键，要提高民办养老机构的服务水平，必须从以下方面着手：一是提高机构管理水平；二是提升服务质量，加强支持。

一、提高民办养老机构管理水平

借鉴上海市机构改革和发展经验，通过优势养老机构带动弱势养老机构来实现养老机构整体水平的提升。广西已建立了养老机构星级评定机制，并评定了一批星级养老机构，可据此建立一批优势养老机构，根据基础设施、人员配置、入住率、收费水平等综合因素筛选一批弱势养老机构，通过两类养老机构的结对互助，帮助弱势养老机构提升管理水平。强化机构管理制度，明确员工职责，每个岗位要编制岗位说明书，用规章制度来对员工进行相应的奖或惩。以此形成一套行之有效的管理制度来提高管理水平。在管理中，通过网络建立机构信息档案平台，管理入住老人的基本信息，通过网上办公实现对养老机构的高效管理。让养老机构内部的管理进一步科学化和规范化起来，不仅可以使管理人员明确自身承担的任务职责，还可以让其更高效快捷地处理养老机构内部事务。

二、提升民办机构养老服务质量

通过引进专业护理人才、培训在职护理人员，提高护理人员职业水平。专业的护理工作人员之所以重要，是因为老人的入住满意度是基于享受到服务的水平质量而做出的评价，而当前我国养老机构的发展受到制约的因素之一便是养老服务这方面的专业化人才供给不足。首先，要鼓励社会上开展养老服务或者护理课程的学校，对这些学校予以一定的补贴，还可以派职业护理人员去到这些学校中进行巡回讲座；其次，政府可以通过媒体来进行宣传，加强对养老事业的鼓励，转变学生的观念，对选择护理专业的学生给予相应的补助，让护理梯队壮大起来。对于那些已经在养老护理岗位上工作的人员，对他们持证上岗检查力度要加强，督促这部分员工参加培训，进一步提升自己的专业能力。同时，设立激励措施，以激励员工的工作积极性，如员工持股策略，根据绩效考核情况适当地给予股权奖励或定期选送人员到区内外开展专业技能培训、不定期参加民政部门举办的技能培训等。切实提高机构的服务质量和服务效率，保证机构能良好地发展。

三、充分利用各种社会资源，获取更多专业支持与供给

（一）充分利用各种社会资源，提供立体的护理服务

机构内老年人需求多样性和个体差异性，是养老机构服务资源与需求不对接的原因之一，民办养老机构应充分利用各种社会资源，如社会工作专业人才、志愿者等，利用社会工作、志愿者介入老年人服务，通过专业视角，运用专业知识，使用专业手段等处理方式，帮助特护老人、介护老人、介助老人等不同类型

的老年人，享受"老有所养，老有所医，老有所学，老有所乐，老有所为"的目标需求服务（见图8-1），给予多层次、多方位养老服务供给与提高养老资源利用有效性。

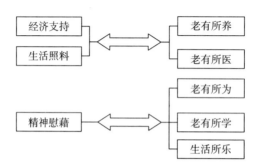

图8-1　我国养老目标与老年人需求

（二）加强健康养老宣传，完善养老资源服务体系

首先，可在机构内建立老年教育网络，保障老年人身心健康有序进行。学习了解和掌握老年人常见病、多发病的预防和护理知识，将老年健康的基本认知带给老年人及其家人，做出及时有效的预防，避免疾病给老年人的生活带来负面影响、给家庭增加负担，有利于老年人平时注意保养自己的身体，有病及时医。通过一系列老年健康教育活动的开展，与康复保健服务相结合，将有利于提高资源的利用率。

其次，加强对老年人健康知识的传授和宣传。老年是疾病高发的年龄段，为了关爱老年人的身体健康，提高老年人的健康意识和自我保健能力，可以用通俗易懂的语言给老年人开一些相应季节的养生健康知识讲座，针对老年人容易罹患的疾病和各种疾病表现的症状，以及如何防御疾病的养生知识，详细地向老人讲解饮食上应该注意什么问题，如何保持一个良好的心态，提醒老人对感冒、上火、风寒湿痹、心血管疾病要做好预防工作。增强老人对疾病的预防意识，养成良好的生活习惯，有助于有效的预防疾病、保养身体。许多老人宁愿在家养老也不愿去养老院，因为被送到养老院会让老人感觉"被抛弃"，随着社会的发展，简单的"保姆"型单一服务已经不能适应现在社会的发展，照顾老人的日常生活、饮食服务，健康卫生等基本服务已经不能满足当今养老服务的需求。如何给老人创造丰富的老年生活，如何让老人即便在养老院也能感受到温暖，如何让老人接受入住养老院。除提供照顾老人的基本生活服务外，应当增加更多的服务项目类型，让老人更好地从居家养老过渡到机构养老，如提供康复类服务、精神文化类服务、医疗类服务、娱乐活动类等更多元化的服务类型，以满足日益增长的养老服务市场需求。树立机构特色服务品牌，加强自身在市场中的竞争力。

第五节　本章小结

综上所述，本章提出优化城镇机构养老服务资源配置的政策路径，主要包括四个方面：第一，优化机构养老服务资源配置的制度安排。优化公共政策结构、加大养老机构改革力度、建立政府、机构、老年人三方协同治理机制，加强监督管理机制；第二，优化农村机构养老服务资源配置；加大对农村养老机构的资金投入及政策安排，充分利用乡镇敬老院平台，减少重复建设；第三，优化不同类型的机构服务资源配置。支持社会组织举办养老机构，引导公共资源为养老机构服务，加大公建民营、民办养老机构扶持力度，促进机构内资源优化配置，优先配备医护资源、护理型床位，减少资源的浪费和重叠；第四，提高民办养老机构服务水平。通过加强优势养老机构对弱势养老机构的帮扶，提高管理水平，加强护理人才建设，提高护理水平。

参考文献

［1］Guo KL，MeGee D．Improving quality in long – term care facilities through increased regulations and enforcement［J］．Health Care Manag（Frederick），2012，31（2）121 –131．

［2］N. R. 霍曼，H. A. 基亚克．社会老年学——多学科展望［M］．北京：社会科学文献出版社，1992．

［3］萨瓦斯．民营化与公私部门的伙伴关系［M］．北京：中国人民大学出版社，2001．

［4］付金存．中国城市公用事业公私合作机制与政府规制研究［M］．北京：中国社会科学出版社，2016：46 – 57．

［5］尼古拉斯．福利经济学前沿问题［M］．巴尔著，贺晓波译．北京：中国税务出版社，2000．

［6］尼古拉斯．福利国家经济学［M］．巴尔著，郑秉文，穆怀中等译．北京：中国劳动社会保障出版社，2002．

［7］吉尔．社会福利的目标定位——全球发展趋势与展望［M］．吉尔伯特编，郑秉文译．北京：中国劳动社会保障出版社，2003：53．

［8］叶子荣：公共经济［M］．北京：清华大学出版社，2010：76

［9］李佳蔚．公建民营养老机构发展的困境与对策研究——以沈阳市养老服务中心为例［D］．沈阳师范大学硕士学位论文，2016．

［10］张春华．关于我国养老机构社会化推行中提升政府质量的探讨［D］．安徽大学硕士学位论文，2015．

［11］王海霞．PPP 模式应用于我国养老机构建设的研究［D］．财政部财政科学研究所硕士学位论文，2014．

［12］关鑫.PPP 模式在养老机构建设中的应用研究［D］.东北财经大学硕士学位论文，2013.

［13］吴楠.公建民营养老机构委托经营管理模式研究——以沈阳市养老服务中心为例［D］.沈阳师范大学硕士学位论文，2014.

［14］宋雅雯.公建民营养老机构运行管理研究——以南宁市为例［D］.广西大学硕士学位论文，2016.

［15］刘君.广西人口老龄比重逐年增长，养老需向多元化发展［EB/OL］.新华网，http：//www.gx.xinhuanet.com/newscenter/2015－01/06/c－11139003 17.htin.

［16］刘春雪.广西医养结合型机构养老服务模式研究［D］.广西中医药大学硕士学位论文，2016.

［17］金晓阳.南宁市民办养老机构发展研究［D］.广西民族大学硕士学位论文，2016.

［18］刘淼.北京市民办养老机构自身发展研究［D］.北京交通大学硕士学位论文，2017.

［19］王春玲，唐红珍，唐农.广西养老服务人才培养的思考［J］.广西中医药大学学报，2015，18（4）：116－118.

［20］完善养老体系实现老有所养［N］.深圳特区报，2018.1.

［21］刘洁.广西城镇养老机构发展中的政府责任研究［D］.广西民族大学硕士学位论文，2012.

［22］徐冬英，陈珊珊，覃秀英，周琦，周琪范，陈志英，马秋平，王思婷.广西养老机构现状调查［J］.广西中医药大学学报，2011，14（4）：110－112.

［23］伍建松.民办养老机构经营风险研究［D］.安徽大学硕士学位论文，2017.

［24］余婉丹.广西人口老龄化状况及养老问题浅析［J］.时代报告（学术版），2015（10）：346.

［25］广西壮族自治区民政厅办公室.广西壮族自治区民办养老机构补贴暂行办法［Z］.2016.

［26］广西壮族自治区财政厅.广西财政大力支持老龄事业发展［Z］.2018.

［27］郑功成.中国社会福利改革与发展战略：从照顾弱者到普惠全民［J］.中国人民大学学报，2011（2）：47－61.

［28］郑功成．中国社会福利的现状与发展取向［J］．中国人民大学学报，2013（2）：2－11．

［29］熊跃根．如何从比较的视野来认识社会福利与福利体制［J］．社会保障研究，2008（6）：81－97．

［30］张翔，林腾．补"砖头"、补"床头"还是补"人头"——基于浙江省某县养老机构的个案调查［J］．社会保障研究，2012（4）：39－49．

［31］江燕娟，李放．我国养老机构服务的有效供给研究［J］．广西社会科学，2014（11）：132－137．

［32］温忠文，聂志平，吴全圣，邹胜平．我国农村敬老院的发展历程及其启示［J］．安徽商贸职业技术学院学报，2013（2）：15－20．

［33］费雷德·E. 费尔德瓦里．公共物品与私人社区——社会服务的市场供给［M］．郑秉文译．北京：经济管理出版社，2007．

［34］黄俊辉，李放．哪些老年人更倾向于人住养老院？——基于江苏农村地区的实证调查数据［J］．西北人口，2013（3）：102－107．

［35］林洁．公共物品供给效率研究［J］．学术探索，2014（2）：57－62．

［36］张盈华．老年养老机构制度的筹资模式与政府责任边界［J］．老龄科学研究，2013（2）：27－36．

［37］黄健元，谭珊珊．江苏省民办养老机构发展现状困境及出路［J］．西北人口，2011（2）：55－60

［38］冯占联，詹合英，关信平，风笑天，刘畅，Vincent Mor．中国城市养老机构的兴起：发展与公平问题［J］．人口与发展，2012（6）：16－24．

［39］张娜．农村社会养老服务需求与发展路径研究［D］．南京农业大学硕士学位论文，2015．

［40］陆杰华，沙迪．新时代农村养老服务体系面临的突出问题、主要矛盾与战略路径［J］．新疆师范大学学报（哲学社会科学版），2019（2）：1－10．

［41］王振军．农村社会养老服务需求意愿的实证分析——基于甘肃563位老人问卷调查［J］．西北人口，2016，37（1）：117－122．

［42］黄俊辉，李放，赵光．农村社会养老服务需求意愿及其影响因素分析：江苏的数据［J］．中国农业大学学报（社会科学版），2015，32（2）：118－126．

［43］杨清哲．人口老龄化背景下中国农村老年人养老保障问题研究［D］．吉林大学博士学位论文，2013．

［44］庞立伟．农村社会养老服务状况研究［D］．贵州财经大学硕士学位论文，2017.

［45］农凯伦．壮族农村养老问题研究［D］．广西师范大学硕士学位论文，2014.

［46］龙琛．少数民族地区农村养老服务供求关系研究［D］．贵州大学硕士学位论文，2016.

［47］殷骏．农村养老社会化服务体系建设研究［D］．华东政法大学硕士学位论文，2016.

［48］龙国良．我国农村养老保障制度路径选择及影响因素分析［D］．中国农业大学博士学位论文，2014.

［49］吕婷茹．农村养老保障社会化的现实需求和发展路径［D］．上海工程技术大学硕士学位论文，2014.

［50］刘甜甜．农村养老保障社会化的现状及路径研究［D］．华中农业大学硕士学位论文，2011.

［51］郑玉英．经济欠发达农村地区社会养老服务体系建设［D］．郑州大学硕士学位论文，2015.

［52］姚兆余．农村社会养老服务的属性、责任主体及体系构建［J］．求索，2018（6）：59－65.

［53］聂建亮，李澍．政府主导、多方参与与农村社会养老服务体系构建［J］．重庆社会科学，2017（3）：56－62.

附　录

问卷 1：老年人机构养老服务课题研究调查问卷

亲爱的女士/先生：

您好！我们正在进行老年人养老服务研究，设计了这份调查问卷，希望能得到您的支持和帮助。本次调查仅用于学术研究使用，对您的个人隐私严格保密。感谢您的配合，祝您身体健康，万事如意！

填空题请在横线上填写，选择题请在答案下面打"√"

一、基本信息

1. 您的性别_____年龄_____户籍_____（城镇/农村）民族_____
2. 您的文化程度

A. 不识字或识字很少　　　　B. 小学及以下　　　　C. 初中

D. 高中　　　　　　　　　　E. 大专及以上　　　　F. 其他

3. 您的婚姻状况_____

A. 已婚，并与配偶居住　　　　B. 已婚，但因其他条件分居

C. 离异　　　　　　　　　　　D. 丧偶　　　　　　　E. 从未结婚

4. 您退休前的职业_____

A. 公司企业职员　　　　　　　B. 机关事业单位人员

C. 自由职业者　　　　　　　　D. 外出打工　　　　　E. 务农

5. 您退休前的职务是＿＿＿＿＿＿

A. 普通职工　　　　　　　B. 组长（股长）　　　　　C. 科长

D. 处长　　　　　　　　　E. 局长及以上　　　　　　F. 村干部

G. 乡镇干部　　　　　　　H. 单位部门经理　　　　　I. 单位总经理

J. 其他

6. 您的技术职称是＿＿＿＿＿＿

A. 技术员　　　　　　　　B. 初级　　　　　　　　　C. 中级

D. 高级　　　　　　　　　E. 无职称

7. 家有子女＿＿＿＿＿＿人，其中（存活）男孩＿＿＿＿＿＿人，（存活）女孩
＿＿＿＿＿＿人。

8. 子女中主要做什么工作＿＿＿＿＿＿

A. 国家机关、企事业单位负责人　　　B. 专业技术人员

C. 办事人员和有关人员　　　　　　　D. 商业、服务业人员

E. 农林渔牧水利业生产人员

F. 生产、运输设备操作及有关人员

9. 子女中有什么行政职务吗＿＿＿＿＿＿

A. 组长（股长）　　　　　B. 科长　　　　　　　　　C. 处长

D. 局长及以上　　　　　　E. 乡镇干部　　　　　　　F. 无行政职务

二、身体状况评估

10. 日常生活能力评估。完好：总分 100 分；轻度受损：总分 65～95 分；中度
受损：总分 45～60 分；重度受损：总分≤40 分。

11. 精神状态评估。能力完好 = 总分 0 分；轻度受损 = 总分 1 分；中度受损 =
总分 2～3 分；重度受损 = 总分 4～6 分。

12. 感知觉与沟通评估。能力完好：意识清醒，且听力和视力评为 0 分或 1 分，
沟通评为 0 分，总分 0～2 分；轻度受损：意识清醒，但视力或听力中至少一项评
为 2 分，或沟通评为 1 分，总分 3～5 分；中度受损：意识清醒，但视力或听力中
至少一项评为 3 分，或沟通评为 2 分；或嗜睡，视力或听力评定为 3 分及以下，沟
通评定为 2 分及以下，总分 6～10 分；重度受损：意识清醒或嗜睡，但视力或听力
中至少一项评为 4 分，或沟通评为 3 分；或昏睡/昏迷，总分 11～14 分。

13. 社会参与评估。能力完好 = 总分 0～2 分；轻度受损 = 总分 3～7 分；中度

受损 = 总分 8 ~ 13 分；重度受损 = 总分 14 ~ 20 分。

10. 日常生活能力评估表

指标	得分项目	得分
10.1 进食	指用餐具将食物由容器送到口中、咀嚼、吞咽等过程	
	10 分，可独立进食（在合理的时间内独立进食准备好的食物）	
	5 分，需部分帮助（进食过程中需要一定的帮助，如协助把持餐具）	
	0 分，需极大帮助或完全依赖他人，或有留置营养管	
10.2 洗澡	5 分，准备好洗澡水后，可自己独立完成洗澡过程	
	0 分，在洗澡过程中需他人帮助	
10.3 修饰	5 分，可自己独立完成	
	0 分，需他人帮助	
10.4 穿衣	10 分，可独立完成	
	5 分，需部分帮助（能自己穿脱，但需他人帮助整理衣物、系扣/鞋带、拉拉链）	
	0 分，需极大帮助或完全依赖他人	
10.5 大便 控制	10 分，可控制大便	
	5 分，偶尔失控（每周 <1 次），或需要他人提示	
	0 分，完全失控	
10.6 小便 控制	10 分，可控制小便	
	5 分，偶尔失控（每天 <1 次，但每周 >1 次），或需要他人提示	
	0 分，完全失控，或留置导尿管	
10.7 如厕	包括去厕所、解开衣裤、擦净、整理衣裤、冲水	
	10 分，可独立完成	
	5 分，需部分帮助（需他人搀扶去厕所、需他人帮忙冲水或整理衣裤等）	
	0 分，需极大帮助或完全依赖他人	
10.8 床椅 转移	15 分，可独立完成	
	10 分，需部分帮助（需他人搀扶或使用拐杖）	
	5 分，需极大帮助（较大程度上依赖他人搀扶和帮助）	
	0 分，完全依赖他人	

续表

指标	得分项目	得分
10.9 平地 行走	15分，可独立在平地上行走45米	
	10分，需部分帮助（因肢体残疾、平衡能力差、过度衰弱、视力等问题，在一定程度上需他人的搀扶或使用拐杖、助行器等辅助工具）	
	5分，需极大帮助（因肢体残疾、平衡能力差、过度衰弱、视力等问题，在较大程度上需他人的搀扶，或坐在轮椅上自行移动）	
	0分，完全依赖他人	
10.10 上下 楼梯	10分，可独立上下楼梯（连续上下10~15个台阶）	
	5分，需部分帮助（需扶着楼梯、他人搀扶或使用拐杖等）	
	0分，需极大帮助或完全依赖他人	

11. 精神状态评估表

指标	得分项目	得分
11.1 认知 功能	测试：回忆三个词：苹果、手表、国旗	
	(1) 画钟测试："请在这儿画一个圆形时钟，在时钟上标出10点45分"	
	(2) 回忆词语："现在请您告诉我，刚才我要您记住的三样东西是什么？"	
	答：_____、_____、_____（不必按顺序）	
	0分，画钟正确（画出一个闭锁圆，指针位置准确），且能回忆出2~3个词	
	1分，画钟错误（画的圆不闭锁，或指针位置不准确），或只回忆出0~1个词	
	2分，已确诊为认知障碍，如老年痴呆	
11.2 攻击 行为	0分，无身体攻击行为（如打/踢/推/咬/抓/摔东西）和语言攻击行为（如骂人、语言威胁、尖叫）	
	1分，每月有几次身体攻击行为或每周有几次语言攻击行为	
	2分，每周有几次身体攻击行为或每日有语言攻击行为	
11.3 抑郁 症状	0分，无	
	1分，情绪低落、不爱说话、不爱梳洗、不爱活动	
	2分，有自杀念头或自杀行为	

· 145 ·

12. 感知觉与沟通评估表

指标	得分项目	得分
12.1 意识 水平	0分，神志清醒，对周围环境警觉	
	1分，嗜睡，表现为睡眠状态过度延长。当呼唤或推动患者的肢体时可唤醒，并能进行正确的交谈或执行指令，停止刺激后又继续入睡	
	2分，昏睡，一般的外界刺激不能使其觉醒，给予较强烈的刺激时可有短时的意识清醒，醒后可简短回答提问，当刺激减弱后又很快进入睡眠状态	
	3分，昏迷，处于浅昏迷时对疼痛刺激有回避和痛苦表情；处于深昏迷时对刺激无反应（若评定为昏迷，直接评定为重度失能，可不进行以下项目的评估）	
12.2 视力	若平日带老花镜或近视镜，应在佩戴眼镜的情况下评估	
	0分，能看清楚书报上的标准字体	
	1分，能看清楚大字体，但看不清书报上的标准字体	
	2分，视力有限，看不清楚报纸大标题，但能辨认物体	
	3分，辨认物体有困难，但眼睛能跟随物体移动，只能看到光、颜色和形状	
	4分，没有视力，眼睛不能跟随物体移动	
12.3 听力	若平时佩戴助听器，应在佩戴助听器的情况下评估	
	0分，可正常交谈，能听到电视、电话、门铃的声音	
	1分，在轻声说话或说话距离超过2米时听不清	
	2分，正常交流有些困难，需在安静的环境或大声说话才能听到	
	3分，讲话者大声说话或说话很慢，才能部分听见	
12.4 沟通 交流	包括非语言沟通	
	0分，无困难，能与他人正常沟通和交流	
	1分，能够表达自己的需要及理解别人的话，但需要增加时间或给予帮助	
	2分，表达需要或理解有困难，需频繁重复或简化口头表达	
	3分，不能表达需要或理解他人的话	

13. 社会参与评估表

指标	得分项目	得分
13.1 生活 能力	0分，除个人生活自理外（如饮食、洗漱、穿戴、二便），能料理家务（如做饭、洗衣）或当家管理事务	
	1分，除个人生活自理外，能做家务，但欠好，家庭事务安排欠条理	
	2分，个人生活能自理；只有在他人帮助下才能做些家务，但质量不好	
	3分，个人基本生活事务（如饮食、二便）需要部分帮助或完全依赖他人帮助	

指标	得分项目	得分
13.2 工作 能力	0分，原来熟练的脑力工作或体力技巧性工作可照常进行	
	1分，原来熟练的脑力工作或体力技巧性工作能力有所下降	
	2分，原来熟练的脑力工作或体力技巧性工作明显不如以往，部分遗忘	
	3分，对熟悉工作只有一些片段保留，技能全部遗忘	
	4分，对以往的知识或技能全部磨灭	
13.3 时间/ 空间 定向	0分，时间观念（年、月、日、时）清楚；可单独出远门，能很快掌握新环境的方位	
	1分，时间观念有些下降，年、月、日清楚，但有时相差几天；可单独来往于近街，知道现住地的名称和方位，但不知回家路线	
	2分，时间观念较差，年、月、日不清楚，可知上半年或下半年；只能单独在家附近行动，对现住地只知名称，不知道方位	
	3分，时间观念很差，年、月、日不清楚，可知上午或者下午；只能在左邻右舍间串门，对现住地不知名称和方位	
	4分，无时间观念；不能单独外出	
13.4 人物 定向	0分，知道周围人们的关系，知道祖孙、姑姨、侄子侄女等称谓的意义；可分辨陌生人的大致年龄和身份，可用适当称呼	
	1分，只知家中亲密近亲的关系，不会分辨陌生人的大致年龄，不能称呼陌生人	
	2分，只能称呼家中人，或只能照样称呼，不知其关系，不辨辈分	
	3分，只认识常同住的亲人，可称呼子女或孙子女，可辨熟人和生人	
	4分，只认识保护人，不辨熟人和生人	
13.5 社会交 往能力	0分，参与社会，在社会环境有一定的适应能力，待人接物恰当	
	1分，能适应单纯环境，主动接触人，初见面时难让人发现智力问题，不能理解隐喻语	
	2分，脱离社会，可被动接触，不会主动待人，谈话中很多不适词句，容易上当受骗	
	3分，勉强可与人交往，谈吐内容不清楚，表情不恰当	
	4分，难以与人接触	

三、经济收入情况

14. 当前您生活的主要来源是_____

A. 退休金　　　　　B. 儿女供给　　　　　C. 社会补助

D. 储蓄　　　　　　E. 其他

15. 您现在参加或领取以下一种或几种退休金/养老金_____

A. 机关事业单位退休金　　　　　B. 企业基本养老保险

C. 企业补充养老保险　　　　　　D. 商业养老保险

E. 老农保　　　　　　　　　　　F. 新农保

G. 城乡居民养老保险　　　　　　H. 城镇居民养老保险

I. 征地养老保险　　　　　　　　J. 高龄老人养老补助（补贴）

K. 其他　　　　　　　　　　　　L. 没有参加或领取任何养老金

16. 您每月的退休金/养老金收入约为_____

A. 500 元以下　　　B. 501～1500 元　　　C. 1501～2500 元

D. 2501～3500 元　　E. 3500～5000 元　　　F. 5000 元以上

17. 子女有给赡养费吗_____

A. 有　　　B. 无

18. 若有，子女每月约给多少赡养费用_____

A. 0～500 元　　　　　B. 500～1000 元　　　　C. 1000～1500 元

D. 1500～2000 元　　　E. 2000～3000 元　　　　F. 3000 元以上

四、入住养老院情况

19. 您来这家养老院多长时间_____

　A. 1 年以下　　　B. 1～3 年　　C. 3～5 年　　　　　D. 5 年以上

20. 您选择在养老院养老的原因是_____

A. 无人照顾　　　　　B. 无法自理

C. 养老院的食住、医护、活动氛围等条件适合养老

D. 养老院的成本低　　E. 为子女减少负担　　　F. 其他

21. 您对这家养老院的总体印象如何_____

A. 很差　　B. 较差　　C. 一般　　D. 较好　　E. 很好

22. 请您为养老院各种因素的重要性打分：1＝完全不重要；2＝不重要；3＝一般；4＝重要；5＝十分重要。在相应分值下做出"✓"标记。

	1	2	3	4	5
A. 绿化环境					
B. 配套设施					

	1	2	3	4	5
C. 医疗保健					
D. 医保定点单位					
E. 食住条件					
F. 娱乐活动					
G. 护理服务					
H. 方便家人探视/联系					
I. 收费合理					
J. 同住老人的友善					
K. 医养结合的性质					
L. 养老院性质（公办/民办）					
M. 养老院规模					

23. 公办和私人养老院中，您倾向于选择＿＿＿＿＿＿

    A. 公办养老院　　　　　　B. 私人养老院

24. 影响您上题答案的是＿＿＿＿＿＿

    A. 费用　　　　　　B. 服务质量　　　　　　C. 养老院环境

    D. 医疗设备专业性　　E. 其他

25. 您进入这家养老院，是否经过排队等候＿＿＿＿＿＿

    A. 是　　　　　　　　B. 否

26. 如果需要排队，那么您的排队时间为＿＿＿＿＿＿

    A. 一个月以内　　　　B. 三个月以内　　　　C. 半年以内

    D. 一年以内　　　　　E. 一年及以上

27. 您入住这所养老院每月的支出约为（含床位费、伙食费、护理费）

    A. 0～1000 元　　　　B. 1000～2000 元　　　　C. 2000～3000 元

    D. 3000～4000 元　　　E. 4000～5000 元　　　　F. 5000 元以上

28. 您每月的医疗费用支出约为＿＿＿＿＿＿

    A. 0～1000 元　　　　B. 1000～2000 元　　　　C. 2000～3000 元

    D. 3000～4000 元　　　E. 4000～5000 元　　　　F. 5000 元以上

29. 其中，自费的部分大约为＿＿＿＿＿＿

    A. 0～1000 元　　　　B. 1000～2000 元　　　　C. 2000～3000 元

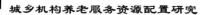

D. 3000～4000 元　　　　E. 4000～5000 元　　　　F. 5000 元以上

30. 您对这家养老院满意吗_____

　　A. 非常满意　　　　　B. 满意　　　　　　　C. 一般

　　D. 不满意　　　　　　E. 很不满意

31. 您对这家养老院的哪些方面较满意_____

　　A. 绿化环境　　　　　B. 配套设施　　　　　C. 医疗保健

　　D. 医保定点单位　　　E. 食住条件　　　　　F. 娱乐活动

　　G. 护理服务　　　　　H. 方便家人探视/联系　I. 收费合理

　　J. 同住老人的友善　　K. 医养结合

　　L. 养老院性质（公办/民办）　　　　　　　　M. 其他

32. 您认为这家养老院的哪些方面需要改进_____

　　A. 绿化环境　　　　　B. 配套设施　　　　　C. 医疗保健

　　D. 医保定点单位　　　E. 食住条件　　　　　F. 娱乐活动

　　G. 护理服务　　　　　H. 方便家人探视/联系　I. 收费合理

　　J. 同住老人的友善　　　　　　　　　　　　　K. 医养结合

　　L. 养老院性质（公办/民办）　　　　　　　　M. 其他

33. 您对目前养老院生活的总体满意度_____

　　A. 很不满意　　　　　B. 较不满意　　　　　C. 一般

　　D. 较满意　　　　　　E. 很满意

34. 您对养老院还有哪些期望/建议吗?

_____

_____

_____

调查到此结束。感谢您对我们工作的支持和帮助！祝您和家人身体健康！万事如意！

（请调查员再次核对问卷，确保无漏填、错填）

调查对象姓名：_____机构名称：_____电话：_____

调查员姓名：_____调查时间：_____

问卷 2：南宁市养老机构建设情况调查问卷

机构名称：_____

一、机构基本状况：

机构正式成立于哪一年（请填写具体年份）_____

机构在筹建初总共投入的资金约_____

机构的占地面积约_____

二、机构是下面哪类养老机构_____

A. 公办公营机构　　　　　　B. 公办民营机构

C. 民办　　　　　　　　　　D. 其他

三、机构属于哪类性质_____

A. 老年公寓　　　　　　　　B. 护理院

C. 兼顾住养和医护机构　　　　D. 其他

四、机构位于南宁市的什么位置_____

A. 城区　　　　　B. 近郊　　　　　C. 中远郊

五、机构拥有以下场所中的哪些，并且请指出在同类机构中属于什么档次_____

医疗室　A. 高档　B. 中档　C. 低档

健身房　A. 高档　B. 中档　C. 低档

活动室　A. 高档　B. 中档　C. 低档

花园　　A. 高档　B. 中档　C. 低档

图书馆或阅览室　A. 高档　B. 中档　C. 低档

值班室　A. 有　　　B. 没有

食堂　　A. 高档　　B. 中档　　C. 低档

六、机构目前总共有_____床位

A. 50 张以下　　　　　　　　B. 51～100 张

C. 101～200 张　　　　　　　D. 200～300 张

E. 300 张以上

七、机构目前的入住率为_____

A. 10%～30%　　　　B. 30%～40%　　　　C. 40%～50%

D. 50%～60%　　　　E. 60%～80%　　　　F. 80%～90%

G. 90%～100%

八、在机构中长期居住（以 3 年以上为标准）的老人的比例约为_____

A. 10% 以下　　　　　B. 10%～30%　　　　C. 30% 以上

九、机构的室内（老人寓所）设施有以下哪些_____（可多选）

A. 空调　　　　　　　B. 电视机　　　　　　C. 卫生间

D. 报警器　　　　　　E. 电话　　　　　　　F. 轮椅

十、机构拥有以下哪些办公及宣传设施_____（可多选）

A. 办公电脑　　　　　B. 网站　　　　　　　C. 专用电子邮箱

D. 内部刊物　　　　　E. 公开出版物　　　　F. 传真机

G. 其他_____（请注明）

十一、机构会接收下列哪几种老人_____（可多选）

A. 自理　　　　　　　B. 半自理

C. 基本不能自理　　　D. 完全不能自理

十二、机构目前有工作人员_____人，其中护理人员有_____人。

十三、机构护理人员中，大专及以上学历者有_____人，中学或中专学历者_____人，小学及以下学历者_____人。护理专业或相关专业者有_____人。

十四、机构护理人员中，年龄 30 岁以下者有_____人，30～50 岁者有_____人，50 岁以上有_____人。其中，男性_____人，来自外地的有_____人。

十五、在过去的一年中，工作人员中有_____人离开，有_____人加入。

十六、机构工作人员平均每月工资一般是_____

A. 1000 元以下　　　　B. 1000～2000 元

C. 2000～3500 元　　　D. 3500 元以上

十七、机构运作资金的主要来源是_____（可多选）

A. 收取入住费用　　　B. 政府拨款　　　　　C. 集体募集资金

D. 个人投资　　　　　E. 社会捐赠　　　　　F. 其他_____（请注明）

十八、在以上各种资金来源中，所占比例最高的是_____（请填序号）

十九、机构自成立至今，资金运作情况如何_____

A. 盈余　　　　　　　B. 略有盈余　　　　　C. 基本持平

D. 略有亏损　　　　　E. 亏损

二十、机构目前的资金周转情况如何_____

A. 很好　　　　　　　B. 好　　　　　　　　C. 一般

D. 困难　　　　　　　E. 很困难

二十一、机构采取以下哪些宣传方式_____（可多选）

A. 电视　　　　　　　B. 广播　　　　　　　C. 报纸杂志

D. 传单　　　　　　　E. 没有　　　　　　　F. 其他_____

二十二、机构在吸引人才方面存在以下哪些不利因素_____（可多选）

A. 工资低　　　　　　B. 工作压力大　　　　C. 工作环境差

D. 工作不稳定　　　　E. 公众不认同

F. 其他_____（请注明）

二十三、机构是否对工作人员进行培训_____

A. 有，且定期培训　　B. 有，不定期　　　　C. 没有

二十四、您认为机构面临的问题有哪些_____（限选 3 个并请排序）

A. 资金困难　　　　　B. 设备落后　　　　　C. 人员不足

D. 缺乏政策支持　　　E. 缺乏公众支持　　　F. 内部制度环境不完善

G. 交通落后　　　　　H. 环境差　　　　　　I. 其他_____（请注明）

请排序：第一_____第二_____第三_____

二十五、政府对机构有过以下哪些形式的支持_____（可多选）

A. 资金支持　　　　　B. 人力物力支持　　　C. 政策优惠

D. 精神支持　　　　　E. 没有

二十六、您认为政府对机构的关注程度如何_____

A. 非常关注　　　　　B. 比较关注　　　　　C. 一般

D. 不太关注　　　　　E. 非常不关注

二十七、机构是否享有政府的床位补助资金_____（此项请民办养老机构填答）

A. 已经拿到　　　　　B. 拿到部分　　　　　C. 尚未拿到

D. 不知有此事

二十八、您认为此补贴政策力度是否合适_____

A. 合适   B. 不合适

二十九、您认为在未来 5 年内哪类养老机构最有发展前景_____（限单选）

A. 公办机构   B. 公办民营机构   C. 民办养老机构

D. 护理型机构   E. 住养机构

三十、您认为以下哪些因素在未来对养老机构的发展影响巨大_____（限选三项）

A. 政府   B. 法律环境   C. 公众支持

D. 媒体   E. 养老机构自身   F. 慈善机构

G. 企事业单位   H. 其他_____（请注明）

非常感谢您的支持与帮助！

广西壮族自治区人民政府关于建设养老服务业综合改革试验区的意见

（桂政发〔2015〕33 号）

各市、县人民政府，自治区人民政府各组成部门、各直属机构：

依托我区生态、气候、区位优势和特色资源，建设养老服务业综合改革试验区，加快打造全国健康养老产业基地，形成新的优势产业格局，对拉动消费、扩大就业、改善民生、促进和谐，推动我区经济转型升级意义重大。根据《国务院关于加快发展养老服务业的若干意见》（国发〔2013〕35 号）和《广西壮族自治区人民政府关于促进养老服务业加快发展的实施意见》（桂政发〔2014〕58 号）精神，现就建设养老服务业综合改革试验区提出如下意见。

一、总体要求

（一）指导思想

全面贯彻党的十八大和十八届二中、三中、四中全会精神，主动适应和引领经济发展新常态，依托我区资源禀赋，以改革创新为动力，以融合发展为手段，以重大项目为载体，立足国内、放眼国际，夯实发展基础、创新发展模式，优化空间布局、完善配套服务，进一步深化养老服务业改革，着力发展特色养老产业，争创全国养老服务业综合改革试验区，为促进全区社会和谐安宁和经济社会持续健康发展提供新保障。

（二）基本原则

坚持改革创新、融合发展。推进体制机制改革和制度创新，着力营造良好的政策环境。创新养老服务业发展模式，探索养老服务业及相关产业协调融合发展的方式、方法及路径。

坚持规划引领、政策推动。根据资源分布状况，突出重点，整合资源，打造重点区域和特色项目，科学规划产业布局，营造平等参与、公平竞争的市场环境。

坚持政府引导、市场运作。强化政府职责，有序引导全区养老服务业健康和优化发展；充分发挥市场在资源配置中的决定性作用，坚持让市场主导产业发展。

（三）总体目标

到 2020 年，基本建成功能完善、覆盖城乡的养老服务体系，符合标准的社区居家养老服务中心基本覆盖城镇社区，每千名老年人拥有护理型床位超过 15 张，健康养老服务业及相关产业增加值达到 2000 亿元。探索出一批特色鲜明、经济社会效益显著的养老服务业发展模式，出台一批可持续、可推广的政策措施，扶持一批满足多元需求、质量过硬的养老服务产品，涌现一批带动力强的健康养老龙头企业和大批富有创新活力的中小企业，培育一批知名品牌，打造一批竞争力强、辐射面广、产业链长、融合度高的健康养老产业集群，形成"一核四区"的养老服务业发展格局，将养老服务业发展成为我区战略性新兴产业，将我区建成国家养老产业基地、国际休闲养生健康养老胜地和全国养老服务业综合改革试验区。

二、重点任务

（一）进一步深化养老服务综合改革

深化养老机构改革。全面实施公办民营、公建民营、民办公助、政府购买服务等养老服务改革。鼓励引导社会资本以独资、合资、合作、联营、参股等方式，兴建养老设施和提供养老服务，积极引进港澳台资金及外资兴办、运营养老设施。引导公益慈善组织参与养老服务。鼓励养老机构为周边社区老年人提供居家养老服务。建立和完善养老服务机构准入、竞争和退出机制。

创新养老服务形式。鼓励养老机构服务功能向社区延伸，促进养老与家政、保险、教育、健身、旅游等相关领域互动发展；开展养老服务业"互联网＋"行动，鼓励信息技术、人工智能和互联网思维与养老服务的深度融合，创新养老服务业态；创新老年人社会参与方式，推行低龄健康老人服务高龄、失能老人等互助模式，拓展老年体育健身文化娱乐服务，开展老年大学等多层次老年教育服务。

推进医养融合发展。研究出台推进医养融合发展的相关办法，支持养老机构内设医疗机构，支持医疗机构设置老年病科和养老机构，建立健全医疗机构与养老机构的业务协作机制，为老年人提供优质便捷的医疗卫生和保健服务。鼓励医疗机构设立家庭病床，为失能、部分失能老人提供长期护理服务。养老机构内设医疗机构符合城镇职工基本医疗保险、城镇居民基本医疗保险和新型农村合作医疗定点机构条件的，要按规定纳入定点范围。扶持和发展护理型养老机构。加强居家和社区养老服务机构与基层医疗卫生机构的合作。扩展基层医疗卫生服务体系的服务范围，促进医疗卫生资源进入社区和居民家庭，为居家和社区养老服务可持续发展提供医疗卫生技术支持。加快搭建我区与其他省市间的医保异地就医结算平台。鼓励各地积极探索社会保险和商业保险相结合的筹资与资源分配、协调机制，开展以家庭为单位长期护理保险研究和制度设计研究。积极鼓励有条件的地方开展长期护理保险试点。

（二）完善覆盖城乡的养老服务体系

完善居家和社区养老服务。编制城乡社区养老服务中心建设规划，建设集养老护理、日间照料、居家养老、文化娱乐等功能于一体的社区养老服务中心。通过政府购买、协调指导、评估认证等方式，鼓励和支持各类民间组织、机构和个人从事居家和社区养老服务，培育一批连锁化经营的龙头企业和社会组织。丰富居家和社区养老服务内容，增加基本医疗护理、辅助生活器具提供、家庭病床等服务。以提升社区卫生服务机构服务能力和培养全科医生人才队伍为重点，为社区老年人提供专业和规范的日常护理、慢性病管理、康复、健康教育和咨询、中医保健等服务，提高居家养老医疗服务专业化水平。推行智能化居家养老服务系统，为居家老人提供实时、便捷、高效、优质的服务。建立健全基层老年协会，充分发挥基层老年协会的养老互助作用。

多层次发展机构养老。满足社会养老服务多元化需求，发展颐养型、养护型和护理型养老服务机构，加快养老机构转型升级步伐。大力推行"医养融合、康护一体"模式，重点发展专业护理型养老机构，在重点区域规划建设老年康复护理院。鼓励和支持有条件的医院规划建设集医疗、保健、康复、护理、养老为一体的老年护理院；鼓励农村养老服务中心与乡镇卫生院融合发展。鼓励社会力量举办规模化、连锁化的养老机构；推动养老机构跨区联合、资源共享，鼓励发达地区支援欠发达地区开展养老服务，发展异地互动养老，形成一批具有较强竞争力的养老机构。推动机关、企事业单位将所属的度假村、培训中心、招待所、疗养院等转型为养老机构，支持民间资本对企业厂房、商业设施及其他可利用的社会资源进行整合改造，用于养老服务。发展以养生为特色的养老服务，鼓励在生态养生区域建设中高端休闲养老服务综合体。

（三）着力发展特色养老产业

积极发展休闲养生健康养老产业。依托生态和资源优势，综合建设一批滨海型、山水型、森林型、气候型、温泉型、生态型等养生、疗养、康复基地。在桂林、北部湾、巴马等旅游景区、沿海地区及长寿之乡区域，兴办一批具有全国一流水平的养生养老机构、养生保健特色酒店，打造一批集休闲、养生、保健、疗养和旅游功能为一体的健康养老产业集聚区。依托长寿之乡、乡村休闲旅游和生态农业示范基地，拓展康复理疗、中医食疗、休闲养生等服务功能，设计和开发适合老年人的多样化休闲养生旅游产品，吸引国内外老年人度假养老。

打造老年健康服务管理产业链。依托医疗卫生服务资源，建设一批集咨询预防、救治诊疗、康复疗养、保健养生等功能于一体的老年健康服务机构，为老年人提供健康服务。开发地方特色老年康复和养生保健服务产品，满足老年人未病防治和就近就医需求，开展科学健身指导，提供特色老年养生健康服务。延伸养老服务链，配建适宜老年人的文化娱乐健身休闲设施。鼓励社会资本创办健康管理机构，引入专业服务团队，更好地满足个性化的健康管理需求。

多渠道发展老年用品相关产业。积极开发老年保健用品、轮椅、坐便器、多支点拐杖及护理设施、设备、仪器及用品等产品。依托各区域产业基础，发展健康长寿食品、老年服装、适宜老人旅游健身休闲娱乐的各种器具用品、具有自动自助遥控功能的家庭生活用品、代步工具及日用品等。重点建设老年人康复辅具器具生产和物流配送基地。

壮大中医药、壮瑶等民族医药产业。加快建设广西壮医医院，整合中医、壮瑶医等科研技术资源，打造壮瑶医药健康文化品牌，积极运用中医药和壮瑶医药技术，开发相关预防保健服务产品，做大做强中医药壮瑶医药养生长寿健康产业。

积极推动养老城镇、养老产业园区建设。加强规划引导、科学论证选址、合理确定规模，吸引和鼓励社会投资参与建设，在适宜地区开展以健康养老功能为核心的养老城镇建设试点。在重点区域，规划建设集养老、医疗、老年用品和保健食品生产、养生养老地产、健康职业教育与培训等功能于一体的养老产业园区。

鼓励地产项目与养老服务融合发展。探索制定老年人宜居社区建设标准和鼓励政策。规划建设一批以健康养老服务功能为核心的地产项目，配套公共服务设施建设，为老年人营造方便宜居的生活社区。创新引入分时度假等商业模式，鼓励有条件的地产项目转型为老年人宜居社区。面向内地、港澳台及东南亚等中高端市场，开发建设养生保健公寓、养老旅游度假村等项目。

三、重点布局

依据各地的资源禀赋和我区长寿之乡品牌分布，按照"一核四区"的空间布局，科学规划养老服务业综合改革试验区建设。

（一）南宁养老服务业综合改革核心区

以南宁市为核心，辐射崇左市等周边地区。重点推进国家养老服务业综合改革试点工作，在政策创新、产业发展模式、养老与相关产业融合等方面取得新的突破，发挥示范引领作用，为全区养老服务业发展探索成功模式。打造一批各具特色的养老服务业示范社区，探索建立现代城市养老服务体系，建设养老服务示范园区，搭建养老产品集中展示和推介平台；引导资源要素合理集聚，打造西南地区老年康辅器具生产基地与全国养老服务业人才培训基地。

（二）桂西养生养老长寿产业示范区

以盘阳河流域长寿带为核心区域，包括百色市、河池市等地区。依托巴马长寿养生国际旅游区，以长寿养生文化为主题，发展以休闲养生、康体健身、文化体验、旅游度假为特色的养生养老产业和产品，重点建设巴马国际长寿养生养老服务集聚区。根据城乡规划布局要求规划建设"候鸟式"养老群落、养老城镇和一批健康养老产业综合体等各类养老设施。推广现代养生理念、中医药壮瑶医药养生方法，发展养生度假、生态度假、乡村度假等休闲养生度假旅游产品；依托"绿色食品"生产基地、畜牧养殖和农产品加工基地建设，重点扶持一批健康长寿食品、天然优质饮用水、护理用品、民族医药等老年产品产业，打造一批重点产业园区，带动周边农副产品深度开发。

（三）桂北休闲旅游养生养老产业示范区

以漓江、柳江、贺江流域等休闲旅游度假区为核心，包括桂林市、柳州市、贺州市等地区。重点发展休闲旅游、养生度假及异地居住等养老产业，形成以生态农业为基础、以健康服务业为龙头、以相关制造业为支撑的养生养老健康产业链；依托旅游名村名镇、生态农业示范区与旅游集镇，重点规划发展生态农业、保健食品加工、医药与医疗器械制造、养生养老地产、健康旅游、医疗康复与养生保健、健康职业教育与培训等产业，建设若干集生活照料、医疗康复、老年人托管护理于一体的大型综合性养老项目。

（四）北部湾国际滨海健康养老产业示范区

包括北海市、防城港市、钦州市等地区。重点发展滨海旅游和跨国旅游业，开展养老服务与地产项目融合发展试点，全面提升北部湾经济区养生休闲产业竞争力。规划一批沿海疗养、康乐和度假型重大养老项目，引导发展"候鸟型"老年人宜居社区等项目，打造国际滨海健康养老产业基地。

（五）西江生态养老产业带示范区

包括梧州市、贵港市、玉林市、来宾市等地区。依托西江"千里绿色生态走廊"，挖掘金秀、蒙山、容县、岑溪等长寿之乡发展潜力，多元化发展健康养老服务、森林生态疗养服务、中医药医疗保健服务等特色健康服务业；依托玉林"南方药都"、梧州创新药研发基地、贵港养生保健酒研发基地，充分发挥民族医药特色，开发特色药品、保健产品和服务；建设一批老年病医院、老年护理院（站）、康复疗养机构，构建功能齐全的健康养老服务网络，打造辐射粤港澳的西江流域健康养老产业集聚区。

四、保障措施

（一）完善组织机制

各市、县（市、区）人民政府要高度重视养老服务业综合改革试验区的建设工作，将发展养老服务业纳入国民经济和社会发展总体规划和相关规划，建立领导和工作推进机制。各职能部门要切实履行统筹规划、政策扶持、资金引导、典型示范、监督管理等职责，加强沟通协调，密切配合，形成工作合力。各地要建立由发展改革、民政部门牵头的养老服务业综合改革试验区工作联席会议制度，统筹协调研究重大问题，明确分工，落实责任，抓好试验区各项工作。成立自治区养老服务业综合改革试验区建设专家咨询委员会，为发展战略规划、政策论证、产业定向、项目筛选、园区建设等重大问题提供咨询意见和建议。

（二）做好规划布局和用地保障

各市、县（市、区）要编制出台养老服务业设施建设和产业布局规划，并纳入城市总体规划、土地利用总体规划和控制性详细规划。各地在制定城市总体规划、控制性详细规划时，要按照人均用地不低于0.12平方米的标准，确定养老服务设施布局和建设标准，分区分级规划设置养老服务设施。各地要将养老服务设施建设项目用地纳入年度建设用地供应计划。新建养老床位800张以上的养老服务项目，可列入自治区层面统筹推进重大项目；新建养老床位500张以上的养老服务项目，可列入设区市重点项目；新建养老床位200张以上的养老服务项目，可列入县（市、区）重点项目。列入自治区、市、县（市、区）的养老服务重点项目，将由自治区、市、县（市、区）根据《广西壮族自治区建设用地年度计划指标管理办法（试行）》的有关规定，在用地指标上给予优先安排。鼓励整合社区民政、卫生、文化、体育等公共服务资源，通过新建、购置、置换、改造等形式，集中建设涵盖养老服务等功能的社区公共服务综合平台。非营利性养老服务机构的养老服务设施用地可采取划拨方式供地。企事业单位、个人改造和利用城镇现有空置的厂房、学校、社区用房创办养老服务机构，经规划批准临时改变建筑使用功能，从事非营利性养老服务且连续经营一年以上的，5年内可不增收土地年租金或土地收益差价，土地使用性质可暂不作变更。

（三）建立现代投融资机制

加大对养老服务业的财政资金投入。县级以上人民政府用于社会福利事业的彩票公益金，要有60%以上投入养老服务业发展，并随老年人口的增加逐步提高投入比例，其中支持民办养老服务发展的资金不得低于30%。在安排自治区服务业发展专项资金时，对养老产业的关键领域和薄弱环节，以及公共服务和创新发展项目予以适当支持。优化民办养老服务发展环境，统一以护理型床位为主的公办和民办养老机构补助标准，各地要结合实际适时出台养老机构护理型床位新增和运营补贴办法，健全对经济困难的高龄、失能老人的补贴办法。

探索市场化运作新模式。充分利用支持服务业发展的各类财政资金，采取股权投资基金、上市融资、公益创投和PPP等模式，带动社会资本加大投入。自治区设立健康养老产业投资基金，对养老服务机构、设施和服务网络，养生养老健康产业链等重点项目提供支持。加大利用企业债券融资支持养老产业的力度，培育壮大产业平台。制定支持养老服务业发展的金融扶持办法，运用贷款贴息、直接融资补贴、融资担保、风险补偿、再贴息和再贷款等办法，支持社会资本扩大养老服务业投资规模。积极与保险、银行等金融机构合作，鼓励保险资金投资养老服务业，鼓励保险机构开发养老年金保险、长期护理保险、老年人意外险、住房反向抵押养老保险、养老机构责任险等养老保险产品。积极做好国家市场化方式养老服务产业试点的申报工作。

（四）加快完善养老配套基础设施

加快环境生态保护、医疗卫生、文化体育、交通等公共服务基础设施建设。在重点区域加快生活污水、垃圾处理设施建设，加大环境综合整治力度，完善生态环境监测和预报预警体系建设，实时发布环境质量信息。建设一批为养老服务配套的污水处理设施，统一纳入布局规划和用地保障。

（五）强化养老服务业人力资源支撑

扩大健康养老服务业人才培养规模。建立全区养老服务业人才需求预测发布机制，引导和鼓励职业院校增设老年服务与管理、康复治疗技术、健康管理等养老服务相关专业。鼓励社会资本兴办养老服务类职业院校，加大财政对开设养老服务相关专业院校基础设施和学科建设的支持力度。依托职业院校和养老机构重点建设一批养老服务实训基地。加强养老服务专业师资队伍建设。提升养老服务业从业人员整体素质，重点依托相关职业院校、培训机构，开展多样化的学历教育、职业技能培训，对符合条件参加培训的人员按规定给予职业培训补贴，并对取得养老护理员职业资格证书的人员按规定给予职业技能鉴定补贴。同时，对建档立卡贫困户从业人员，可按规定申请劳动力短期技能培训以奖代补。探索养老机构与医疗机构间的人才合作机制。加强与国内外科研院校的合作，引进和培养一批掌握健康养老服务领域相关产业先进技术的科技人才，逐步加强完善包括专业化服务人员、志愿者队伍等在内的居家养老人力资源保障体系。

制定养老服务业从业优惠政策，对取得国家养老护理员初级工、中级工、高级工、技师职业资格证书，并在养老机构护理岗位连续从业两年以上的人员，分别给予每人500元、1000元、2000元、3000元的一次性从业奖励。做好养老护理员工资指导价位发布工作，指导民办养老机构和组织，合理确定养老护理员劳动报酬。将养老机构内设医疗机构及其医护人员纳入卫生计生行政部门统一指导，在人才培养、培训进修、资格认定、职称评定、技术准入和推荐评优等方面，与其他医疗机构同等对待。

（六）推进养老服务业信息化建设

依托互联网、物联网、云计算等技术，实现养老服务信息管理系统自治区、市、县、乡四级互联互通，推动养老服务、医疗保障、健康管理等信息共享，探索建立养老服务业大数据平台。推进休闲养生、健康养老旅游信息化，加强基础信息资源建设和旅游门户网站建设，提高网络营销与服务水平。推进特色养老产业相关产品交易信息化，打造综合型电子商务综合网络平台。依托智慧城市网络建设，利用现有医疗保险系统的相关信息数据、网络设施和医疗服务平台，建立和完善老年人终身健康档案管理信息系统，重点打造南宁、柳州、桂林、梧州、钦州等区域性养老服务信息平台。

（七）营造良好社会环境

建立和完善广西养老服务业行业标准体系，探索建立老年人能力等级评估机制、养老机构等级评定机制，将养老机构服务质量、信誉状况等情况纳入信用体系建设。培育和发展养老服务行业协会，推动形成政府、社会组织、养老服务实体三者结合的管理机制。各地要积极培育为老服务公益慈善组织，建立为老志愿服务登记制度，探索"时间银行"等养老服务储蓄模式。

（八）加强监督检查

各地、各相关部门要加强工作绩效考核，确保责任到位、任务落实到位。自治区各相关部门要根据部门职责，尽快出台具体政策措施和办法；全区各级人民政府要结合实际制定实施方案，将完善医养融合、投融资、税费优惠、用地、人才等扶持政策落到实处。自治区人民政府适时开展专项督查，确保养老服务业综合改革试验区建设顺利推进。

广西壮族自治区人民政府

2015 年 7 月 3 日

广西壮族自治区人民政府办公厅
关于全面放开养老服务市场提升
养老服务质量的实施意见

各市、县人民政府，自治区人民政府各组成部门、各直属机构：

为贯彻落实《国务院办公厅关于全面放开养老服务市场提升养老服务质量的若干意见》（国办发〔2016〕91 号），全面推动广西养老服务业综合改革试验区建设，促进养老服务业快速发展，经自治区人民政府同意，现提出如下意见。

一、发展目标

到 2020 年，养老服务市场全面放开，养老服务和产品更加丰富，供给结构更加合理，政府运营的养老床位占当地养老床位总数的比例不超过 50%，护理型床位占总数 30% 以上。养老服务政策法规体系、行业质量标准体系进一步完善，信用体系基本建立，市场监管机制有效运行，服务质量明显提升，群众满意度显著提高，养老服务业成为我区经济社会发展的新兴产业。

二、重点工作任务

（一）放宽行业准入

设立营利性养老机构实行"先照后证"、电子营业执照和全程电子化登记管理等便利化登记程序。鼓励社会力量举办规模化、连锁化的养老机构。符合条件的养老服务类社会组织可向民政部门依法申请直接登记，不再经由业务主管单位审查同意。推动符合条件的度假村、招待所、培训中心、疗养院等场所转型为养老机构。区外资本在我区举办养老机构与本地投资者享受同等政策待遇。支持社区日间照料、居家养老服务等新兴养老业态发展。（民政厅牵头，自治区发展改革委、公安厅、商务厅、工商局等按职责分工负责）

（二）优化市场环境

进一步改进政府服务。加强对筹建养老机构的指导，全面清理、取消申办养老机构的不合理前置审批事项，优化审批程序，简化审批流程，明确审批时限，推进行政审批标准化。加快建立"一门受理、一并办理"的网上并联审批平台，各部门按照各自职责及时办理审批，进一步提高审批效率。（自治区民政厅、工商局牵头，自治区公安厅、卫生计生委、住房城乡建设厅、环境保护厅等按职责分工负责）

完善价格形成机制。加快建立以市场形成价格为主的养老服务收费管理机制。对于民办营利性养老机构，服务收费项目和标准由经营者自主确定；对于民办非营利性养老机构，服务收费标准由经营者合理确定，有关部门进行必要监管和价格水平监测分析。对于政府运营的养老机构，按非营利原则区分政府兜底保障对象和社会服务对象，实行政府补贴、政府定价或政府指导价。对于以公建民营等方式运营的养老机构，采用招投标、委托运营等竞争性方式确定运营方，具体服务收费标准由运营方依据委托协议等合理确定。（自治区物价局牵头，民政厅、财政厅等按职责分工负责）加快公办养老机构改革。支持政府全额或部分投资兴建的养老设施实施公建民营和公办民营改革，有条件的地方可将专门提供经营性服务的公办养老机构转制成企业。鼓励社会资本通过独资、合资、合作、联营、参股、租赁等方式，参与公办养老机构改革。公建民营和公办民营养老机构享受民办养老机构相关补贴政策。改革公办养老机构运营方式，鼓励实行服务外包。（民政厅牵头，自治区发展改革委、财政厅、工商局和市县人民政府按职责分工负责）

加强行业信用建设。推进养老行业信息与全国信用信息平台的信息交换和共享，向社会公示相关企业的行政许可、行政处罚等信息。引入第三方征信机构参与养老行业信用建设和信用监管。建立多部门、跨地区的联合惩戒机制，对诚实守信的养老服务企业实行优先办理、简化流程等绿色通道支持激励政策。建立养老服务行业黑名单制度和市场退出制度，加强行业自律和监管。（民政厅牵头，自治区发展改革委、工商局、金融办和人民银行南宁中心支行等按职责分工负责）

（三）提高社区和居家养老服务覆盖面

整合社区养老服务、卫生、文化、体育等公共资源，为老年人提供养老、健康、文化、体育、法律援助等服务。培育一批规模化、连锁化、品牌化的社区和居家养老服务机构。支持个人创办家庭化、小型化的养老服务机构。大力发展嵌入型社区养老服务中心，推行"离家不离亲"的社区养老模式。推进社区居家养老服务信息化建设，整合社会资源，为居家老年人提供助餐、助浴、助洁、助急、助医等上门服务，打造便捷、高效的社区居家养老服务圈。（民政厅牵头，自治区卫生计生委、文化厅、体育局和市县人民政府按职责分工负责）

（四）提升农村养老服务能力和水平

兴建一批农村养老服务示范中心，加大现有乡镇敬老院改造和管理改革力度，争取将40%的乡镇敬老院逐步转型为农村区域性养老服务中心，在满足农村特困人员集中供养需求的前提下，为农村低收入老年人和失能、半失能老年人提供便捷可及的养老服务。结合城镇化发展和"美丽广西"乡村建设，着力推进城乡养老服务均等化，到2020年创建命名30个以上的自治区级养生养老小镇。利用农村幸福院等自助式、互助式养老服务设施，充分发挥乡规民约和老年协会作用，督促家庭成员履行赡养责任，组织开展邻里互助。依托农村基层党组织、自治组织和社会组织等，开展基层联络人登记，建立应急处置和评估帮扶机制。鼓励专业社会工作者、社区工作者、志愿服务者开展老年人关爱保护和心理咨询等服务。（民政厅牵头，自治区老龄办、市县人民政府按职责分工负责）

（五）提高老年人宜居环境建设水平

通过建设补贴、运营资助和业主众筹等方式，加快推进老旧居住小区和老年人家庭的无障碍改造，重点做好居住区缘石坡道、轮椅坡道、公共出入口、走道、楼梯、电梯等设施和部位的无障碍改造，组织开展多层老旧住宅电梯加装。统筹推进易地扶贫搬迁以及城镇棚户区等保障性安居工程的适老化设施配套建设。制定出台广西老年人宜居社区建设规范，推动创建老年人宜居社区，促进养老服务业与房地产业融合发展。（住房城乡建设厅、民政厅牵头，自治区国土资源厅、财政厅、公安厅、质监局和市县人民政府按职责分工负责）

（六）推进"互联网＋"养老服务创新

依托智慧城市网络建设，发展智慧养老服务新业态。开发设计适合老年人的智能化产品、健康监测可穿戴设备、健康养老移动应用软件（APP）等智能软硬件，推动移动互联网、云计算、物联网、大数据等与养老服务业结合。将社区居家养老服务纳入社区综合服务信息平台，与户籍、医疗、社会保障等信息资源对接，促进养老服务信息共享和对外开放。建立全区健康养老大数据和养老服务信息门户网站，为国内外老年人到我区开展异地养老提供服务信息。鼓励社会力量参与养老服务信息平台开发。（自治区工业和信息化委牵头，自治区民政厅、人力资源社会保障厅、公安厅、卫生计生委和市县人民政府按职责分工负责）

（七）打通医养结合绿色通道

推动养老机构按照相关规定和标准内设医务室或护理站，支持有条件的养老机构申请开办医疗机构，符合条件的纳入基本医疗保险定点范围。鼓励养老机构与周边的医疗卫生机构开展多种形式的协议合作，医疗卫生机构为养老机构开通预约就诊绿色通道。鼓励执业医师、护士、技师等到养老机构多点执业。通过新建、医院转型等方式发展康复医院、老年病医院、护理院等与养老相关的医疗机构，推动二级以上医院与养老医疗机构间的转诊与合作，提高基层医疗卫生机构护理床位占比和服务能力，支持有条件的医院设立相对独立的养老机构，鼓励医疗机构将护理服务延伸至居民家庭。支持社会力量兴办医养结合机构。到 2020 年，所有医疗机构为老年人开设优先挂号、优先就医等便利服务的绿色通道，所有养老机构能够以不同形式为入住老年人提供医疗卫生服务。加快搭建我区与其他省（区、市）间的医保异地就医结算平台，解决参保人员就医直接结算问题。推动建立长期护理保险制度，减轻失能老人长期护理保障的经济负担。（自治区卫生计生委、人力资源社会保障厅牵头，民政厅、广西保监局按职责分工负责）

（八）促进老年产品用品升级

围绕老年人衣、食、住、行、医、游和文化娱乐等需要，加快开发康复辅具、健身产品、食品医药、服装服饰等老年产品，建设养老养生公寓、养老旅游度假村等中高端养老生活设施，推广对老年人机体功能康复、慢性病治疗等具有显著效果的民族医药产品和疗法，推进适合老年人的文化艺术作品创作。研发、制造为老年人服务的智能科技产品的企业，经认定为高新技术企业的，按规定享受企业所得税优惠。推动财产保险公司为区内医药、康辅器具等健康养老产业相关产品的生产、流通及消费使用环节提供有效风险保障。（民政厅、科技厅牵头，自治区发展改革委、财政厅、卫生计生委、国土资源厅、住房城乡建设厅、旅游发展委、文化厅、国税局、地税局和广西保监局等按职责分工负责）

（九）推动养老服务业与相关产业融合发展

以广西养老服务业综合改革试验区建设为契机，依托我区得天独厚的区位优势、生态优势、长寿品牌优势和旅游资源优势，按照"一核四区"的总体布局，大力发展休闲养生健康养老产业、"候鸟式"旅游养老业、老年健康管理服务业、民族特色医药产业、老年文化创意产业，推动形成养老产业集聚区。深化国内外交流与合作，建立异地养老合作机制，积极培育国际性养老服务市场，将养老服务业打造成为我区战略性新兴产业。（自治区发展改革委牵头，自治区民政厅、财政厅、国土资源厅、住房城乡建设厅、卫生计生委、旅游发展委、文化厅

等按职责分工负责）

（十）发展适老金融服务

规范和引导商业银行、保险公司等金融机构开发适合老年人的理财、保险产品，加大投保年龄在 60 周岁以上或不设上限的意外险产品供给，满足老年人金融服务需求。鼓励银行业金融机构将服务点延伸至养老社区、老年公寓等老年群体较为集中的区域。加强营业网点适老化改造和助老设备、无障碍设施建设，开辟老年客户服务专区、服务专窗、绿色通道等便捷服务。强化老年人金融安全意识，加大金融消费权益保护力度。（广西银监局、广西保监局牵头，自治区民政厅、金融办等按职责分工负责）

三、增强政策保障能力

（一）加强统筹规划

发挥规划引领作用，加快落实广西养老服务业综合改革试验区规划，分级制定养老服务设施建设和产业布局规划，与城乡规划、土地利用总体规划、城镇化规划和区域规划等相互衔接，系统提升服务能力和水平。加强养老服务示范项目建设，鼓励社会力量投资兴办护理型养老机构，扩大面向居家社区的养老服务资源，逐步完善社会养老服务体系。（自治区发展改革委牵头，国土资源厅、住房城乡建设厅、民政厅等部门和市县人民政府按职责分工负责）

（二）完善土地支持政策

全区各市、县（市、区）要将养老领域用地纳入土地利用总体规划，按照"集中统筹、分级保障"的原则，优先安排新增建设用地指标。对可使用划拨建设用地的养老服务设施项目，除可按划拨方式提供建设用地外，鼓励以出让、租赁方式提供建设用地，支持市、县（市、区）人民政府以国有建设用地使用权作价出资或者入股的方式提供建设用地，与社会资本共同投资建设。鼓励租赁供应养老服务设施用地，各市、县（市、区）可制定养老服务设施建设用地以出租或先租后让供应的鼓励政策和租金标准，明确相应的权利和义务，向社会公开后执行。支持依法使用集体建设用地兴办非营利性养老机构。支持利用闲置房产、土地资源发展养老服务，经规划部门批准符合调整规划条件的，国土资源管理部门应给予办理用地手续。企事业单位、个人对城镇现有空置的厂房、学校、疗养院、商业设施、社区用房等进行改造和利用，举办养老服务机构，经有关部门批准临时改变建筑使用功能从事非营利性养老服务且连续经营一年以上的，五年内土地使用性质可暂不变更。（国土资源厅牵头，民政厅、财政厅和市县人民政府按职责分工负责）

（三）加强养老服务人才队伍建设

引导和鼓励普通高校和职业院校增设老年服务与管理、社会工作、健康管理、康复治疗技术、康复辅助器具技术等相关专业，开设老年社会工作、老年护理、老年人保健与营养、老年医学、老年心理学、生命伦理学等课程或教学内容，加强养老服务专业师资队伍建设，加大与养老服务相关的多层次专业人才培养力度，引进一批健康养老服务领域相关产业先进技术人才。推进院校专业教学标准和职业技能标准的融通；依托职业院校和养老机构重点建设一批养老服务实训基地；鼓励社会资本兴办养老服务类职业院校。落实职业培训补贴和建档立卡贫困户从业人员的以奖代补等补贴政策。落实养老服务业从业奖励政策，鼓励养老服务相关专业的毕业生到养老机构就业。完善养老服务业工作岗位专业人才收入分配和职称晋升激励机制，定期发布工资指导价位。积极开发老年人力资源，倡导"互助养老"模式。（教育厅、人力资源社会保障厅牵头，民政厅、财政厅等按职责分工负责）

（四）完善财政支持和投融资政策

完善财政支持政策。全区县级以上人民政府用于社会福利事业的彩票公益金要有60%以上投入养老服务业发展，并随老年人口的增加逐步提高投入比例，其中支持民办养老服务发展的资金不得低于30%。建立健全针对经济困难的高龄、失能老年人的补贴制度，实行与养老机构星级、老年人能力等级挂钩的补贴制度，提高补贴政策的精准度。落实与养老机构有关的税收和行政事业性收费优惠政策以及水电气及有线电视收视维护费优惠政策。

2017 年 9 月 13 日

广西壮族自治区关于全面放开养老服务市场
提升养老服务质量的实施意见解读

【政策背景】

为全面推进养老服务业综合改革试验区建设，进一步深化我区养老服务业综合改革，优化养老服务发展环境，扩大养老服务有效供给，提升养老服务质量，依据国务院办公厅《关于印发全面放开养老服务市场提升养老服务质量的若干意见》（国办发〔2016〕91号）、自治区政府《关于建设养老服务业综合改革试验区的意见》（桂政发〔2015〕33号）、自治区人民政府办公厅《关于印发广西养老服务业综合改革试验区规划（2016—2020年）的通知》（桂政办发〔2016〕14号）等一系列文件精神，自治区人民政府办公厅于2017年9月13日印发了《广西壮族自治区关于全面放开养老服务市场提升养老服务质量的实施意见》（以下简称《实施意见》）。

【政策内容和亮点】

《实施意见》通过分析广西养老服务业发展的现状，就如何落实养老服务"放管服"改革、发展医养结合、加快养老服务体系建设、推动养老服务业与相关产业融合发展等重点问题，分为发展目标、重点工作任务、增强政策保障能力、加强监管和组织实施4个部分内容予以规定。

（一）发展目标

到2020年，养老服务市场全面放开，养老服务和产品更加丰富，供给结构更加合理，政府运营的养老床位占当地养老床位总数的比例不超过50%，护理型床位占总数30%以上。养老服务政策法规体系、行业质量标准体系进一步完善，信用体系基本建立，市场监管机制有效运行，服务质量明显提升，群众满意度显著提高，养老服务业成为我区经济社会发展的新兴产业。

（二）重点工作任务

该部分包括放宽行业准入、优化市场环境、提高社区和居家养老服务覆盖面、提升农村养老服务能力和水平、提高老年人宜居环境建设水平、推进"互联网＋"养老服务创新、打通医养结合绿色通道、促进老年产品用品升级、推动养老服务业与相关产业融合发展、发展适老金融服务共十大任务。其中：

1. 任务一和任务二涉及"放管服改革"，措施更加深化，提出"推动符合条件的度假村、招待所、培训中心、疗养院等场所转型为养老机构"，为提高审批效率提出"加快建立'一门受理、一并办理'的网上并联审批平台，各部门按照各自职责及时办理审批"的改革措施，养老机构改革提出"有条件的地方可将专门提供经营性服务的公办养老机构转制成企业"，行业信用体系建设明确提出"建立养老服务行业黑名单制度和市场退出制度"。

2. 任务三"提高社区和居家养老服务覆盖面"提出"大力发展嵌入型社区养老服务中心，推行'离家不离亲'的社区养老模式"，"打造便捷、高效的社区居家养老服务圈"。

3. 任务四"提升农村养老服务能力和水平"中突出广西特色，提出"结合城镇化发展和'美丽广西'乡村建设，着力推进城乡养老服务均等化，到2020年，创建命名30个以上的自治区级养生养老小镇"。并从可行性出发，提出"充分发挥乡规民约和老年协会作用，督促家庭成员履行赡养责任，组织开展邻里互助"。

4. 任务五"提高老年人宜居环境建设水平"提出"推动创建老年人宜居社区，促进养老服务业与房地产业融合发展"。

5. 任务六"推进'互联网＋'养老服务创新"中提出"将社区居家养老服务纳入社区综合服务信息平台"，为提高养老服务信息平台开发建设的可行性，提出"鼓励社会力量参与开发养老服务信息平台"。另从发展趋势分析，提出"建立全区健康养老大数据和养老服务信息门户网站，为国内外老年人到我区开展异地养老提供服务信息"，发展候鸟式养老模式。

6. 任务七"打通医养结合绿色通道"提出"到2020年，所有医疗机构为老年人开设优先挂号、优先就医等便利服务的绿色通道，所有养老机构能够以不同形式为入住老年人提供医疗卫生服务"。"建立长期护理保险制度，减轻失能老年人长期护理保障的经济负担"。

7. 任务八"促进老年产品用品升级",结合广西生态环境优势和地理位置优势,提出"围绕老年人衣、食、住、行、医、游和文化娱乐等需要,加快开展老年产品,建设养老养生公寓、养老旅游度假村等中高端养老生活设施,推广对老年人机体功能康复、慢性病治疗等具有显著效果的民族医药产品和疗法,推进适合老年人的文化艺术作品创作"。

8. 任务九"推动养老服务业与相关产业融合发展"主要是结合广西养老服务业综合改革试验区建设"一核四区"的总体布局,提出"发展休闲养生健康养老产业、'候鸟式'旅游养老业、老年健康管理服务业、民族特色医药产业、老年文化创意产业,推动形成养老产业集聚区",以及"将养老服务业打造成为我区战略新兴产业。"

9. 任务十"发展适老金融服务"提出"加大投保年龄在 60 周岁以上或不设上限的意外险产品供给",更能满足老年人的需要。

(三)增强政策保障能力

本部分内容主要包括加强统筹规划、土地支持政策、人才队伍、财政支持和投融资政策等。

1. 统筹规划方面,按照可操作性原则,明确提出"分级制定养老服务设施建设和产业布局规划,与城乡规划、土地利用总体规划、城镇化规划和区域规划等相互衔接,系统提升服务能力和水平","鼓励社会力量投资兴办护理型养老机构,扩大面向居家社区的养老服务资源,逐步完善社会养老服务体系"。

2. 土地支持政策方面,为了确保政策落地,提出"市、县要将养老领域用地纳入土地利用总体规划,按照'集中统筹、分级保障'的原则,优先安排新增建设用地指标";"企事业单位、个人对城镇现有空置的厂房、学校、疗养院、商业设施、社区用房等进行改造和利用,举办养老服务机构,经有关部门批准临时改变建筑使用功能从事非营利性养老服务且连续经营一年以上的,五年内土地使用性质可暂不变更"等规定。

3. 人才队伍方面,提出要"推进院校专业教学标准和职业技能标准的融通;依托职业院校和养老机构重点建设一批养老服务实训基地;鼓励社会资本兴办养老服务类职业院校"。除养老服务业从业奖励外,要"落实职业培训补贴和建档立卡贫困户从业人员的以奖代补等补贴政策",要"完善养老服务业工作岗位专业人才收入分配和职称晋升激励机制,定期发布工资指导价位。"

4. 财政支持和投融资方面，提出"县级以上人民政府用于社会福利事业的彩票公益金要有60%以上投入养老服务业发展，并随老年人口的增加逐步提高投入比例，其中支持民办养老服务发展的资金不得低于30%"。提出"鼓励和引导金融机构、养老服务企业灵活运用应收账款融资服务平台，开展应收账款等未来收益权融资业务，支持发放融资性担保公司、政策性担保机构担保的养老服务业贷款。探索金融机构对非营利性养老服务机构的非公益资产发放抵（质）押贷款。发挥保险资金长期投资优势，参与养老服务机构建设。支持政府和社会资本合作（PPP）模式建设或发展养老机构"。

（四）加强监督和组织实施

《实施意见》从加强服务监管、行业自律、宣传引导、督查落实等四个方面，强化了放开养老服务市场提升养老服务质量工作的监管措施。